金陵全書

丁編·文獻類

冥通記

養性延命録

古今刀劍録

鬼谷子注

陶貞白集

（南朝梁）陶弘景 撰
（南朝梁）陶弘景 撰
（南朝梁）陶弘景 纂
（南朝梁）陶弘景 注
（南朝梁）陶弘景 撰

南京出版傳媒集團
南京出版社

圖書在版編目（CIP）數據

冥通記·養性延命録·古今刀劍録·鬼谷子注·陶貞白集/（南朝梁）陶弘景撰、纂、注. -- 南京：南京出版社，2021.4
（金陵全書）
ISBN 978-7-5533-3201-7

Ⅰ.①冥… Ⅱ.①陶… Ⅲ.①古籍－匯編－中國－南朝時代 Ⅳ.①Z423.91

中國版本圖書館CIP數據核字（2021）第037881號

書　　名	【金陵全書】（丁編·文獻類） 冥通記·養性延命録·古今刀劍録·鬼谷子注·陶貞白集
作　　者	（南朝梁）陶弘景
出版發行	南京出版傳媒集團 南　京　出　版　社 社址：南京市太平門街53號　　郵編：210016 網址：http://www.njcbs.cn　　電子信箱：njcbs1988@163.com 聯系電話：025-83283893、83283864（營銷）　025-83112257（編務）
出 版 人	項曉寧
出 品 人	盧海鳴
責任編輯	程　瑶
裝幀設計	楊曉崗
責任印製	楊福彬
製　　版	南京新華豐製版有限公司
印　　刷	南京凱德印刷有限公司
開　　本	889毫米×1194毫米　1/16
印　　張	34.75
版　　次	2021年4月第1版
印　　次	2021年4月第1次印刷
書　　號	ISBN　978-7-5533-3201-7
定　　價	800.00元

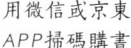

用微信或京東APP掃碼購書

用淘寶APP掃碼購書

總序

南京，古稱金陵，中國著名的四大古都之一，是國務院首批公佈的國家歷史文化名城。

南京有着六十萬年的人類活動史，近二千五百年的建城史，約四百五十年的建都史，享有『六朝古都』『十朝都會』的美譽。南京歷史的興衰起伏在某種程度上可以説是中國歷史的一個縮影。在中華民族光輝燦爛的歷史長河中，古聖先賢在南京創造了舉世矚目、富有特色的六朝文化、南唐文化、明文化和民國文化，爲中華民族文化的傳承和發展做出了不朽貢獻。然而，由於時代的遞遷、戰争的破壞以及自然的損毁等原因，歷史上南京的輝煌成就以物質文化形態留存下來的相對較少，見諸文獻典籍的則相對較多。南京文獻内涵廣博，卷帙浩繁，版本複雜。截至一九四九年中華人民共和國成立，南京文獻留存下來的有近萬種，在全國歷史文化名城中名列前茅。以六朝《世説新語》《文心雕龍》《昭明文選》，唐朝《建康實録》，宋朝《景定建康志》《六朝事迹編類》，元朝《至正金陵新志》，明朝《洪武京城圖志》《金陵古今圖考》《客座贅語》，清朝《康熙江寧府志》《白下瑣言》，民國《首都計劃》《首都志》《金陵古蹟圖考》等爲代表的南京地方文獻，不僅是南京文化的集中體現，也是中華民族優秀傳統文化的重要組成部分。這些南京文獻，積澱貯存了歷代南京人民的經驗和智慧，翔實地反映了南京地區的社會變遷，是研究南京乃至全國政治、經濟、軍事、文化、外交和民風民俗的重要資料。

歷史上的南京文化輝煌燦爛，各類圖書典籍琳琅滿目。迄今爲止，南京文獻曾經有過三次不同程度的整理。

第一次是距今六百多年前的明朝永樂年間，明朝中央政府在南京組織整理出版了《永樂大典》。《永樂大典》正文二萬二千八百七十七卷，凡例和目録六十卷，分裝成一萬一千零九十五册，總字數約三億七千萬字。書中保存了中國上自先秦、下迄明初的各種典籍資料達七八千種，是中國古代最大的類書。

第二次是民國年間，南京通志館編印了一套《南京文獻》。《南京文獻》每月一期，從一九四七年元月至一九四九年二月共刊行了二十六期，收入南京地方文獻六十七種，包括元明清到民國各個時期的著作，其中收録的部分民國文獻今天已經成爲絶版。

第三次是二〇〇六年以來，南京出版社選取部分南京珍貴文獻，整理出版了一套《南京稀見文獻叢刊》點校本，到二〇二〇年，已經出版了六十九册一百零五種，時代上起六朝，下迄民國，在學術普及方面做出了一定的貢獻。

中華人民共和國成立以來，尤其是改革開放以來，南京的政治、經濟、文化建設飛速發展，但南京文獻的全面系統整理出版工作一直没有得到應有的重視，這與南京這座國家歷史文化名城的地位頗不相稱。據調查，目前有關南京的各類文獻主要保存在南京圖書館、南京市檔案館，以及全國各地的高等院校、科研院所、圖書館、檔案館、博物館，少數流散於民間和國外。一方面，廣大讀者要查閲這些收藏在全國各地的南京文獻殊爲不便；另一方面，許多珍貴的南京文獻隨着歲月的流逝而瀕臨損毁和失傳。南京文獻的存史、資治、教化、育人功能没有得到應有的發揮。

盛世修史（志）。在中華民族和平崛起和大力弘揚民族傳統文化、全力發展民族文化事業的大背景下，在建設『文化南京』的發展思路下，中共南京市委、南京市人民政府於二〇〇九年十二月做出決定，將南京有史以來的地方文獻進行全面系統的匯集、整理和影印出版，輯爲《金陵全書》（以下簡稱《全書》），以更好地搶救和保護鄉邦文獻，傳承民族文化，推動學術研究，促進南京文化建設；同時，也更爲有効地增加南京文獻存世途徑，提昇南京文獻地位，凸顯南京文獻價值。

爲編纂出能够代表當代最高學術水平和科技成就，又經得起時間檢驗的《全書》，我們將編纂工作分成三個階段進行。第一個階段爲調研階段，主要對南京現存文獻的種類、數量、保存現狀以及收藏地點等進行深入細緻的調研，召集專家學者多次進行學術論證和可操作性論證，撰寫出可行性調查報告，爲科學決策提供依據，此項工作主要由中共南京市委宣傳部和南京出版社組織完成。第二個階段爲啓動階段，以二〇〇九年十二月二十四日召開的『《金陵全書》編纂啓動工作會』爲標志，市委主要領導親自到會動員講話，市委宣傳部對《全書》的編纂出版工作作了明確部署。在廣泛徵求專家學者意見的基礎上，確定了《全書》的總體框架設計，確定了將《全書》列爲市委宣傳部每年要實施的重大文化工程，確定了主要參編責任單位和責任人，並分解了任務。第三個階段爲編纂出版階段，主要在全國範圍内進行資料的徵集、遴選和圖書的版式設計、複製、排版及印製工作。

爲了確保《全書》編纂出版工作的順利進行，中共南京市委、南京市人民政府成立了專門的編纂出版組織機構。其中編輯工作領導小組，由中共南京市委、市政府領導以及相關成員單位主要負責人組成；《全書》的編纂出版工作由市委宣傳部總牽頭；學術指導委員會，由蔣贊初、茅家琦、梁白泉等一批全國著名的專家學者組成，負責《全書》的學術審核和把關。

《全書》分爲方志、史料、檔案和文獻四大類。自二〇一〇年起，計劃每年出版四十册左右。鑒於《全書》的整理出版工作難度較大，周期較長，在具體操作中，我們採取了分工協作的方式。市委宣傳部和南京出版社負責《全書》的總體策劃，其中方志部分，主要由南京市地方志編纂委員會辦公室和南京出版傳媒集團·南京出版社共同承擔；史料和文獻部分，主要由南京圖書館承擔；檔案部分，主要由南京市檔案局（館）承擔。《全書》的編輯出版，得到了江蘇省文化廳、江蘇省新聞出版局、江蘇省檔案局（館）、南京大學、南京圖書館、南京市文廣新局、南京市社科聯（社科院）、南京市文聯、金陵圖書館以及各區委宣傳部和地方志辦公室等單位及社會各界的熱情鼓勵和大力支持，尤其是得到了中國國家圖書館和全國各地（包括港臺地區）高等院校、科研院所、圖書館、檔案館、博物館等藏書單位的鼎力相助，在此表示深深的謝意！

我們相信，在中共南京市委、南京市人民政府的長期不懈支持下，在各部門、各單位的積極配合和衆多專家學者的共同努力下，這項功在當代、利在千秋的傳世工程一定能够圓滿完成。

《金陵全書》編輯出版委員會

凡例

一、《金陵全書》（以下簡稱《全書》）收録的南京文獻，分爲方志、史料、檔案和文獻四大類。

二、《全書》按上述四大類分爲甲、乙、丙、丁四編，以不同的封面顏色加以區分；每編酌分細類，原則上以成書時代爲序分爲若幹册，依次編列序號。

三、《全書》收録南京文獻的地域範圍，包括了清代江寧府所轄上元、江寧、句容、溧水、高淳、江浦、六合。

四、《全書》收録的南京文獻，其成書年代的下限爲一九四九年。

五、《全書》收録方志、史料和文獻，盡量選用善本爲底本。《全書》收録的檔案以學術價值和實用價值較高爲原則，一般選用延續時間較長、相對比較完整的檔案全宗。

六、《全書》收録的南京文獻底本如有殘缺、漫漶不清等情況，必要時予以配補、抽换或修描，以保證全書完整清晰；稿本、鈔本、批校本的修改、批注文字等均保留原貌。

七、《全書》收録的南京文獻，每種均撰寫提要，置於該文獻前，以便讀者了解其作者生平、主要内容、學術文化價值、編纂過程、版本源流、底本採用等情況。

八、《全書》所收文獻篇幅較大時，分爲序號相連的若幹册；篇幅較小的文獻，則將數種合編爲一册。

九、《全書》統一版式設計，大部分文獻原大影印；對於少數原版面過大或過小的文獻，適當進行縮小或放大處理，並加以説明。

十、《全書》各册除保留文獻原有頁碼外，均新編頁碼，每册頁碼自爲起訖。

總目録

提要

《冥通記》四卷，南朝梁陶弘景撰；《養性延命録》二卷，南朝梁陶弘景撰；《古今刀劍録》一卷，南朝梁陶弘景纂；《鬼谷子注》三卷，南朝梁陶弘景注；《陶貞白集》二卷，南朝梁陶弘景撰。

陶弘景（四五六—五三六），字通明，自號華陽隱居、華陽真人，謚貞白，丹陽秣陵（今江蘇南京）人，一生歷宋、齊、梁三朝，於齊武帝永明十年（四九二）辭官，隱居句曲山（今江蘇茅山），建華陽館，開創道教上清派茅山宗，是南北朝時期道教史上的重要人物。與梁武帝蕭衍私交頗深，有『山中宰相』之譽。陶弘景於學無所不窺，天文曆算、地理方物、金丹冶煉、醫藥養生、卜筮占候、兵學、鑄劍俱通。論者謂『淮南鴻寶之訣，隴西地動之儀，太乙遁甲之書，九章曆象之術，幼女銀鉤之敏，允南風角之妙，太倉素問之方，中散琴操之法，咸悉搜求，莫不精詣』。著述極豐，有《冥通記》《養性延命録》《古今刀劍録》《鬼谷子注》《真誥》《登真隱訣》《本草經集注》《太清草木集要》《陶氏效驗方》《補闕肘後百一方》《太清諸丹集要》《合丹藥諸法節度》《集金丹黄百方》《名醫別録》《真靈位業圖》《華陽陶隱居集》等。事具《梁書·處士傳》《南史·隱逸傳》陶弘景本傳，陶弘景《冥通記》、陶翊《華陽隱居先生本起録》亦載其事跡。

《冥通記》

按照陶弘景陳述，天監十四年（五一五）五月二十三日夏至以來，便有真靈以『入夢』或『現身』的方式，與弟子周子良（四九七—五一六）溝通。直到次年周子良去世，周圍的人，包括陶弘景和周子良的姨母在内，對此事基本無所知覺。周子良接真時，在真靈授意或默許下留下的文字記録，終於在身後被陶弘景發現。陶弘景乃用整理《真誥》的辦法，依時間順序對這些記録加以編次注釋，還特別註明所用紙張的信息，以顯示嚴謹慎重。在編著《冥通記》的同時，陶弘景又將周子良『在世事跡，共所聞見』者，撰成《周子良傳》一篇，與《冥通記》合訂爲四卷。

《周子良傳》放在最前，即傳所説：『其得道原由品號，自具顯所受記中，今略疏在世事跡，共所聞見如此，故載之記前。』天監十四年五月降辭僅有四條，篇幅較少，與《周子良傳》共同構成卷一；卷二爲六月份的降辭；卷三是七月份的降辭；卷四則是天監十四年五月至十五年七月降辭摘要。四卷定本於天監十六年十二月進呈梁武帝，後人把這段批答也收入《冥通記》中。

本書屬道教上清派文獻，劉大彬撰《茅山志》將《冥通記》分爲兩部分載入卷九道山册中，更將書中新出真靈，以及周子良在茅山的遺跡，收編入志。《茅山志》卷十三仙曹署篇『保命府丞』標目下有周子良小傳，其略云：『周子良字元穌，内諱太玄，字虚靈，永嘉人，隱居高第弟子也。挺命降真，以梁天監十四年十月二十七日白日尸解，時年二十。隱居檢集平日真降事跡，類爲四卷，進之武皇帝，即《周氏玄通記》也。記中載二君選爲保籍丞，此位乃始立，以助領諸簿録。其任數小而高清爲美，後當度名東華，更奏上位，爲保晨司，知天下神仙功夫之事、教學之方也。』

《冥通記》被文人看重，並成爲研究對象，始於黄生《義府》。《義府》詮釋經史子集中的生僻詞彙，附録見於《金石録》《隷釋》《水經注》中的古碑，和《冥通記》中的詞彙。之所以選擇《冥通記》，黄生説：『《冥通記》

乃陶貞白記其弟子周子良得仙之事，首撰《周傳》，後並周手疏與諸真問答之語。六朝人手吻奧別，暇日聊爲疏之。』可能是受《義府》影響，《佩文韻府》大量使用《冥通記》中的詞例，從而奠定本書『六朝詞彙語料庫』的地位，晚近《中文大辭典》《漢語大詞典》從本書抽取詞例更多，當代關於本書語文學研究的論文也非常豐富。

《冥通記》體例嚴密，內容可以前後互參，用書中的各種線索來校驗《道藏》中的四卷本，除極少數錯簡、衍誤外，應該沒有重大脱漏缺訛，基本保持陶弘景原著的面貌。至於《隋書·經籍志》史部雜傳著録《周氏冥通記》一卷，《舊唐書·經籍志》亦作一卷，《崇文總目》作三卷，恐怕都是後世傳寫，卷帙分配有所出入，當以四卷爲正。

除《道藏》外，《秘册匯函》也收録《周氏冥通記》四卷，題『梁陶弘景撰，明沈士龍、胡震亨同校』。此本卷三錯簡與《道藏》本同，應出於同一版本系統，但經沈士龍、胡震亨校勘，與《道藏》本有四處較大不同：『陶貞白進周氏冥通記啓』和『梁武帝詔答』冠卷一以前，居全書之首；卷一《周子良傳》之末，缺『不得不説所可指的』至『右此追記憶見其經有此諸異事二條』

一大段，大字四百餘，小字近三百；卷四正月十一日降辭，删去《道藏》本所衍『又云見取何意頓取人三百斛穀子良答不取』十八字；卷四第十七頁開始至卷末版面順序謬誤。《津逮秘書》亦收有《周氏冥通記》四卷，行格與《秘册匯函》全同，但脱漏篇首之『陶貞白進周氏冥通記啓』和『梁武帝詔答』，并將題名改爲『梁陶弘景撰，明胡震亨、毛晉同訂』，卷一脱缺及卷四版面錯謬與《秘册匯函》同。

《唐宋叢書》亦刻有《周氏冥通記》四卷，題『梁陶弘景』。此本特徵：缺『陶貞白進周氏冥通記啓』和『梁武帝詔答』；卷一周子良傳之末同樣存在闕文；《秘册匯函》《津逮秘書》本之缺字、墨丁處，《唐宋叢書》本皆完整；卷四正月十一日降辭無衍文；卷四最後數頁次序無誤。如此看來，《唐宋叢書》本似用《津逮秘書》本進一步校訂而成者。

《説郛》宛委山堂本卷一百十四收録有《冥通記》一卷，題『梁陶弘景』。審内容乃是卷一夏至日趙丞降臨之全部文字，起『夏至日未中少許』，訖『便下階而滅』；以及同卷二十七日洪先生降臨之第一段文字，起『二十七日二更中』，訖『子良仍起，襞紙疏之』。其間的小字注釋，除保留『令春是姨母間婢子，劉白是白從子』一句外，全部芟落。通觀這份一卷本的《冥通記》，乃是從完本中隨意抄取兩段，情節毫不連貫，當屬於質量低劣的節抄本。《五朝小説大觀》《舊小説》中收録的一卷本《冥通記》皆是此本。

《金陵全書》收録的《冥通記》以南京圖書館藏丁氏八千卷樓明《津逮秘書》本爲底本原大影印出版。

王家葵

《養性延命録》

此書作者自宋代以來便有陶弘景、孫思邈兩説，如《通志》卷六十七道家三修養類著録『養性延命集二卷，陶弘景撰；又二卷，孫思邈撰』。正統《道藏》本雖題作『華陽陶隱居集』，序言之末注小字仍説『或云此書孫思邈所集』。近現代研究者多將本書的著作權歸於陶弘景。

據《養性延命録·序》，此書以《養生要集》爲藍本，『略取要法，删棄繁蕪，類聚篇題，分爲上下兩卷，卷有三篇，號爲《養性延命録》』。

全書六篇，第一爲教誡篇，采摭諸子百家有關養生論述。引書以道經爲主，如《老子河上公註》《老子指歸》《老君尹氏內解》《莊子》《列子》《混元妙真經》《黄老經玄示》《大有經》《小有經》《道機經》《黄庭經》等；儒書《孔子家語》；緯書則有《河圖帝視萌》《洛書寳予命》；醫書《黄帝内經素問》《神農經》《名醫敘病論》等；此外還引用老君、彭祖、青牛道士、司馬談、仲長統、陳紀、胡昭、韓融、邵仲湛、張湛等的言論。教誡篇内容較爲零散，乃以《仙經》『道爲生命之要』與『我命在我不在天』二語爲核心，具體而言，則有張湛《養生集敘》總結之養生十大原則：一曰嗇神，二曰愛氣，三曰養形，四曰導引，五曰言語，六曰飲食，七曰房室，八曰反俗，九曰醫藥，十曰禁忌。

第二爲食誡篇，皆爲與飲食有關之禁忌。主張食不欲過飽，飲不欲過多，所謂『先飢乃食，先渴而飲，食畢當行，行畢使人以粉摩腹數百過，大益也』。又有食宜食禁，如『春宜食辛，夏宜食酸，秋宜食苦，冬宜食鹹，此皆助五藏，益血氣，辟諸病』；『春不食肝，夏不食心，秋不食肺，冬不食腎，四季不食脾，如能不食此五藏，尤順天理』。篇末總結説：『多酒食肉，名曰癡脂，憂狂無恒；食良藥，五穀充悦者，名曰中士，猶慮疾苦；食氣保精存神，名曰上士，與天同年。』

第三雜誡忌禳害祈善篇，雜論起居宜忌。如云：『久視傷血，久臥傷氣，久立傷骨，久行傷筋，久坐傷肉。』又云：『遠思强健傷人，憂恚悲哀傷人，喜樂過差傷人，忿怒不解傷人，汲汲所願傷人，戚戚所患傷人，寒暖失節傷人，陰陽不交傷人。』養生關鍵乃在於『能避衆傷之事，而復曉陰陽之術，則是不死之道』。

第四服氣療病篇，以行氣閉氣爲治身之要。引《服氣經》云：『道者，氣也，保氣則得道，得道則長存。神者，精也，保精則神明，神明則長生。精者，血脈之川流，守骨之靈神也。精去則骨枯，骨枯則死矣。是以爲道，務寶其精。』能夠行氣如法，則『耳目聰明，舉身無病，邪不干人也。』

第五爲導引按摩篇，細述導引按摩法門。其末引《三國志·華佗傳》並詳記五禽戲法，有論云：『夫五禽戲法，任力爲之，以汗出爲度。有汗以粉塗身，消穀氣，益氣力，除百病，能存行之者，必得延年。』

第六爲御女損益篇，涉及房中秘術。所謂『房中之事，能生人，能煞人，譬如水火，知用之者，可以養生，不能用之者，立可死矣』。

《養性延命録》作者雖無確證爲陶弘景，但從徵引文獻來看，止於魏晉，無六朝以後者；御女損益篇以告誡語居多，而不奢言具體技術，與陶弘景『禁慾主義』觀念一致；《本起録》稱陶弘景曾『撰集《服氣導引法》一卷』，與本書服氣療病篇、導引按摩篇或許有關。

除道教養生學價值外，本書教誡篇引《莊子·養生主》『吾生也有涯』云云，兼用郭象、向秀兩家注，尚有特别之意義。按，向秀與郭象皆注《莊子》，據《晋書·郭象傳》説，向秀注《莊子》，大暢玄風，唯《秋水》《至樂》二篇未竟而卒，遂爲郭象『竊以爲己注』。同書《向秀傳》則説，向秀注《莊子》，『郭象又述而廣之』。公案至今未了，《養性延命録》若出於陶弘景之手，則是同時引録向注、郭注較早文獻，正可以用來勘比異同，以明是非。

《養性延命録》不見於唐以前史志著録，似乎也未曾被徵引，直到北宋初，《雲笈七籤》卷三十三始載有本書序言及其中四篇，而同時代的《崇文總目》卷九道書類雖有《養性延命録》一卷，卻被標注爲『闕』，可見本書在當時流傳尚不廣泛。南宋以降，《通志》《宋史·藝文志》等皆有著録，周守中

《養生類纂》大約是引用本書最早者，明代正統《道藏》洞神部方法類臨字號尚存本書全帙。

《金陵全書》收録的《養性延命録》以南京圖書館藏《道藏》二卷本爲底本影印出版。原書版框尺寸横長十一厘米，縱高十一點五厘米，現調整爲横長十五點五厘米，縱高十六點一厘米。

王家葵

《古今刀劍録》

此書是記録古代刀劍的專著。陶弘景精通鑄造之術，曾參加過寶劍的冶煉。據《古今刀劍録》『梁武帝劍』條云：『梁武帝蕭衍，以天監二年（五〇三）即位，至普通中，歲在庚子，命弘景造神劍十三口，用金、銀、銅、錫、鐵五色合爲之，長短各依劍術法，文曰服之者永治四方，並小篆書。』該書是作者研究刀劍冶煉的記録。書中記載了从傳説中的夏禹時代到梁武帝時期帝王所製刀劍的名稱、數量，並對刀劍的鑄造年代、尺寸、銘文及收藏地點都做了詳細的記述，爲研究我國古代刀劍鑄造史提供了寶貴的資料。

此書撰著的目的，據陶弘景書序所説：『夫刀劍之由出已久矣。前王後帝，莫不鑄之，但以小事記注者，不甚詳録，遂使精奇挺異，空成湮没，慨然有想，遂爲記云。』因此書中着重記載了歷代帝王刀劍鑄造的情況。

關於此書的成書年代和真僞，歷來有所爭議，《四庫全書總目提要·子部·譜録類》説：『《古今刀劍録》一卷，是書所記帝王刀劍，自夏啓至梁武帝，凡四十事，諸國刀劍，自劉淵至赫連勃勃，凡十八事。吴將刀，周瑜以下凡十事。魏將刀，鍾會以下凡六事。然關、張、諸葛亮、黄忠皆蜀將，不應附入吴將中，疑傳寫誤佚「蜀將刀」標題三字。又董卓、袁紹不應附魏，亦不應在鄧艾、郭淮之間，均爲顛舛。至宏景生於宋代，齊高帝作相時已引爲諸王侍讀，而書中乃稱順帝準爲楊玉所弑，不應以身歷之事，謬誤至此。且宏景先武帝卒，而帝王刀劍一條乃預著武帝謚號，並直斥其名，尤乖事理。疑其書已爲後人竄亂，非盡宏景本文。然考唐李綽《尚書故實》引《古今刀劍録》云，自古好刀劍多投伊水中，以禳膝人之妖。與此本所記漢章帝鑄劍一條，雖文字小有同異，而大略相合。則其來已久，不盡出後人贋造。或亦張華《博物志》之流，真僞參半也。』

由上所述，書中的舛誤有蜀將關羽、張飛、諸葛亮、黄忠誤入吴將，此恐爲遺注『蜀將刀』標題所致。董卓、袁紹附魏，亦爲顛舛。《提要》又云《宋書》《南齊書》記載楊玉夫（書中作楊玉）所弑爲南朝宋後廢帝劉昱，不是順帝劉凖。劉凖死於齊建元元年（四七九），是陶弘景親歷之事，不應謬誤至此。又陶弘景先梁武帝而卒，書中却著有武帝謚號，並直稱其名爲徹，可見書中应是舛入陶弘景卒後時人所鑄之劍，因此此書的真僞受到懷疑。然考唐李綽《尚書故實》曾引用《古今刀劍録》漢章帝鑄劍條，可見此書傳世已久。《太平御覽》等類書亦屢引此書。縱觀全書内容，除確有上述舛誤外，陶弘景卒後所録，應爲在此書流傳之後，後人據其體例有所增益。《提要》所云『則其來已久，不盡出後人贋造』，應該説是恰當的。

《古今刀劍録》所記之劍，大都記載了鑄造年份的干支或年號。有一些劍名於史籍有載，如漢高祖斬蛇劍；但書中也有夏商至南北朝時期的古劍於史籍無考。從此書記載的某些古劍的規制來看，應是陶弘景按道教劍具的規制所拟。

陶弘景身爲道家，在撰著此書時難免受到道教法劍規格形制的影響。道士佩劍除用以防身外，還是道教齋醮儀式上所使用的法具。劍的尺寸、銘文依使用者身份各有規制。《古今刀劍録》所記帝王之劍，從紋飾到形制，往往與道教鑄劍規制有相合之處，或爲陶弘景比照當時道教鑄劍的形制及紋飾所附會，未必盡有其實。儘管如此，作爲傳世最久的一部專記古代刀劍的著作，此書仍具有很高的史料價值。

《古今刀劍録》無單行本傳世，爲多種叢書所收。收入此書的叢書有宋左圭編、明華珵於弘治十四年（一五〇一）所刻的《百川學海》。明嘉靖十五年（一五三六）鄭氏宗文堂所刻《百川學海》，亦收入此書。較爲通行的版本有明程榮編，萬曆二十年（一五九二）刻《漢魏叢書》本《古今刀劍録》。明何允中編《廣漢魏叢書》亦收入《古今刀劍録》。《四庫全書》《龍威秘書》《指海》等叢書亦收録此書。以上叢書現藏中國國家圖書館、南京圖書館等。《金陵全書》收録的《古今刀劍録》以南京圖書館藏明萬曆刻《廣漢魏叢書》本爲底本原大影印出版。

劉瑛

此書乃今日僅存的縱横家子書，是將縱横之術系統化和理論化，集戰國時期縱横家經驗總結和理論概括之大成，與一九七三年長沙馬王堆漢墓發掘的縱横家書是縱横家運用縱横之術遊説的實踐記録有別。

全書十七篇，除《轉丸》《胠篋》二篇亡佚外，可分兩大部分，上卷、中卷所存十二篇爲第一部分，主要論述謀略和權術。首篇《捭闔》爲全書總綱，乃縱横學説之理論基礎。《反應》《内揵》《抵巇》《飛箝》《忤合》《揣》《摩》《權》《謀》《決》十篇，分論遊説權謀之術的某個方面，皆以陰陽捭闔爲基礎，各種謀略和權術參互使用，各篇有機地聯繫在一起，系統性很强。《符言》論述國君或處上位者言行修養之準的，可視爲前面十一篇的總結。下卷《本經陰符》《持樞》《中經》三篇爲第二部分，《本經》紀事者紀道數，其變要在《持樞》《中經》，三篇亦有機地聯繫在一起。《本經》重點論述修身養性的方法，是實施謀略權術及治國處事的基礎。

與蘇秦、張儀把縱横之術應用於實踐不同，此書把縱横之術納入古代思想及各家學説的源頭即『道』中，融合儒家、道家、兵家思想，將天道與人君治國的道理相結合，首次較爲系統地整理了説術研究的成果，是一部説術的理論專著。歷代評價，貶多於褒。貶之極低，如唐代柳宗元云『《鬼谷子》後出，而險盭峭薄，恐其妄言亂世，難信。學者宜其不道』，又云『其言益奇，而道益陿，使人狙狂失守而易於陷墜』；明宋濂云『皆小夫蛇鼠之智，家用之則家亡，國用之則國亡，天下用之則失天下』。褒之甚高，如宋代高似孫《子略》云：『《鬼谷子》書，其智謀、其數術、其變譎、其辭談，蓋出於戰國諸人之表。夫一闢一闔，易之神也；一翕一張，老氏之幾也。鬼谷之術，往往有得於闔闢、翕張之外，神而明之，益至於自放潰裂而不可御。予嘗觀諸《陰符》矣，窮天之用，賊人之私，而陰謀詭秘有《金匱》《韜略》之所不可該者，而鬼谷盡得而洩之，其亦一代之雄乎？』《隋書·經籍志》評價頗爲公允：『縱横者，所以明辯説、善辭令，以通上下之志者也。』『佞人爲之，則便辭利口，傾危變詐，至於賊害忠信，覆邦亂家。』

《鬼谷子》一書的作者和卷數著録歧出。鬼谷子其人，歷代傳説紛紜，只能推斷爲戰國時人，生年早於蘇秦、張儀，大約與孟子、商鞅同時。其書，《漢書·藝文志》未見著録，《隋書·經籍志》始見著録三卷，題皇甫謐注，又題樂一（亦作樂壹）注。《舊唐書·經籍志》著録二卷，題蘇秦撰，又著録三卷，題樂臺撰，又云尹知章注；《新唐書·藝文志》著録同。一般認爲蘇秦欲神秘其道，故假名鬼谷。《四庫全書總目》著録一卷。一卷者，自《捭闔》至《符言》十二篇；二卷者，一卷所分，自《捭闔》至《抵巇》四篇爲一卷，自《飛箝》至《符言》八篇，加亡佚的《轉丸》《胠篋》二篇；三卷者，以二卷爲上卷、中卷，加《本經陰符》《持樞》《中經》爲下卷。不同卷數的形成，反映其成書歷經增補。其版本分兩大類，一種只録原文，不録注文，一種原文注文並録。據《隋書·經籍志》《舊唐書·經籍志》記載，《鬼谷子》的注本有晋代皇甫謐、樂一（亦作樂壹）、陶弘景、尹知章四家，今僅存陶弘景注一家，其餘三家皆亡佚。陶氏注文，不僅解釋字詞，疏通文意，而且加以闡發，對讀者理解原文大有裨益。

此書存世版本較多，據清代莫友芝《郘亭知見傳本書目》記載，有《子匯》本、《十二子》本、緜眇閣本、乾隆五十四年（一七八九）江都秦氏刊陶弘景注《道藏》本、嘉慶十年（一八〇五）江都秦氏重刊本、盧文弨以述古堂鈔補《道藏》本，莫氏以嘉慶十年重刊本爲佳。版本主要有兩個系統：一是正統《道藏》本，莫氏所録版本除嘉慶十年刊本外即屬此系統，此外還有明嘉靖乙巳鈔本、明天啓五年（一六二五）武林張懋寀横秋閣刻本、清乾隆間鈔《四庫全書》本等；一是清錢遵王述古堂舊鈔本，徐鯤云『乃據宋本傳録者』，内容較《道藏》本完整，秦恩復嘉慶十年刊本即以錢本爲底本。今存較早的版本是元末陶宗儀節鈔《鬼谷子》，自《捭闔》至《權》篇，分三卷，收在《説郛》内。

乾隆五十四年江都秦氏刊本，題『鬼谷子陶宏景注三卷乾隆己卯江都秦氏石研齋校栞』，半頁十一行，行二十一字，單魚尾，版心題書名卷數頁數，收録秦氏兩篇敘文、鬼谷子篇目考和附録、目録、原文注文，末附阮元跋，是版本中最爲完備者。

《金陵全書》收録的《鬼谷子注》以南京圖書館藏乾隆五十四年江都秦氏石研齋本爲底本原大影印出版。

方向東

《陶貞白集》

此書多見稱爲《陶隱居集》《華陽陶隱居集》，最早是由南朝陳尚書令江總整理而成，宋朝傅霄重新進行了整理，而明朝張溥編的《漢魏六朝百三名家集》與清朝嚴可均編的《全上古三代秦漢六朝文》皆收録了陶弘景的文章。

《陶貞白集》的文體多樣，包括碑、銘、賦、啓、書、序、志、頌等多種，内容從陶弘景本人的詩詞歌賦以及道術論著的序言，到與朝臣、帝王或是朋友等等的往來書信，無所不有。陶弘景既是道教一個派别的領袖，又是多才多藝的道教學者，因而一生著述豐厚，蔚爲可觀。從陶弘景一生的經歷來看，他早年學儒，青壯年時曾入仕很深，挺有孔子所説的『學而優則仕』的抱負。但他的仕途坎坷，幾經沉浮後，於三十七歲入山修道，開啓了他『儒道雙修』的中年隱修模式。在晚年時，他又有『佛道雙修』的跡象。陶弘景的心路歷程真可謂是『千回百轉』，但最終了悟了人生，於内了無憂愁，於外濟世利人，爲後人樹立了仙風道骨的一代道教宗師形象。書中收集的陶弘景的文章，從不同的方面反映了陶弘景的一生經歷與學術成就，大致可歸納爲三類。

第一類文章爲陶弘景的文學作品，包括詩、賦、志、頌、碑、銘等，如他十五歲時所作的《尋山志》，就表達了他少年時期對『仙道』的無盡嚮往。而文采富麗、深得王公貴族贊許的《水仙賦》，則是建元四年（四八二），他在赴桂陽王之宴時所作。而永明十一年（四九三）的《華陽頌》，以及《瘞鶴銘》《許長史舊館壇碑》《吳太極左仙公葛公碑》《茅山長沙館碑》《太平山日門館碑》《茅山曲林館銘》《授陸敬遊十賚文》《寒夜愁》等等，均是他入山隱修後的作品。

第二類爲書信類，如《梁武帝答陶弘景書（附）》《梁武帝〈觀鍾繇書法十二意〉（附）》《陶弘景上梁武帝論書啓》與《梁武帝又答陶弘景書（附）》等等，均是陶弘景與梁武帝的書信往來，其内容表面看是在『品書論法』，但其實質卻指嚮了各自不同的宗教信仰。宗教信仰不同，世界觀就不同，最終很可能導致政治觀的不同。這些書信在一定程度上揭示了梁武帝雖然很看重陶弘景，但又不引爲重臣的部分原因。此外如《與叢兄書》《與親友書》《答謝中書書》《答虞中書書》《答趙英才書》《答朝士訪仙佛兩法體相書》《答釋曇鸞書》等，皆是他與親友的書信往來。

第三類爲其學術專著的『序言』，在集中佔據了較重的分量，其内容主要是陶弘景多種道教專著的序言。如《登真隱訣序》《洞玄靈寶真靈位業圖序》《肘後百一方序》《本草經集注序》《藥總訣序》《相經序》《古今刀劍録序》等等。這些大都是陶弘景入山之後的著述，其内容或是編撰道教一派的修道秘訣，或是爲道教的神系排序，或是總結古代的冶煉術，或是重編、擴充與完善中國古代的醫藥學經典，不僅對道教的教理教義有很大補益，而且還對中國古代的科技發展有諸多的重大貢獻，因而具有非凡的學術研究價值。

此書流傳的版本有涵芬樓《道藏》影印本、光緒癸卯冬月由葉氏觀古堂刊印的《華陽陶隱居集》等，漢魏六朝人集的叢编本亦收録有《陶貞白集》或《陶隱居集》。《金陵全書》收録的《陶貞白集》以南京圖書館藏明刻《漢魏六朝諸家文集》本爲底本原大影印出版。

劉永霞

金陵全書

丁編·文獻類

冥通記

（南朝梁）陶弘景 撰

南京出版傳媒集團
南京出版社

周氏冥通記卷一

梁陶弘景撰　明胡震亨毛晉同訂

玄人周子良字元䖍芧山陶隱居之弟子也本豫州汝南郡汝南縣都鄉古遷里人寓居丹陽建康西鄉清化里世爲胄族江左有聞晚葉彫流淪胥以瘁祖文朗舉秀才宋江夏王國左常侍所生父耀宗小名金剛文朗第五子郡五官掾別住餘姚天監二年亡年三十四仍假葬焉所繼伯父耀旭本州主簿揚州議曹從事母永

嘉徐淨光懷娠五月夢一切仙室中聖皆起行四面來繞巳身乃以建武四年丁丑歲正月二日人定時生於餘姚明星里朞歲爲姨寶光所攝養同如母之義子良幼植端惠立性和雅家人未嘗見其悁色十歲隨其所養母還永嘉天監七年隱居東遊海嶽權住永寧清嶂山隱居入東本往餘姚乘　舫取晉安霍山平晚下浙江而潮來掣　向定山非人力所能制因仍上東陽欲停　忽值永嘉人談述彼山水甚

美復相隨度嶠至郡投永寧令陸襄陸仍自送憩天師治堂而子良始巳寄治内住於此相識令討覈緣由如神靈所召故其得來此山不爾莫測其然于時子良年十二仍求入山服節爲弟子始受仙靈籙老子五千文西嶽公禁虎豹符便專心於香燈之務凡好書畫人間雜伎經心則能後隨往南霍及反木溜旦夕承奉必盡恭勤十一年從還茅嶺此後進受五嶽圖三皇内文十二年秋其家中表親族來投山居乃出

就西阿姊廨住以十四年乙未歲五月二十三
夏至日於廨忽未中寢臥彌淪良久乃起出姨
母不解所以深加辯切乃頗說所見具如別記
自爾於四五旬中大覺爲異恒垂簾掩扉斷人
入室燒香獨住日中止進一升蜜餐周家本事
俗神姨舅及道義咸恐是俗神所假或謂欲染
邪氣亟相感問唯答云許終是婁羅夢無所知
寃自懷愁慮爲復斷隔耳於是衆人莫測可否
相與縱置聽看趣向其七月中乃密受眞旨令

外混世迹勿使疑異從此趨走執事乃過於常日其年十月從移朱陽師後别居東山便專住西館掌理外任應接道俗莫不愛敬本性君子訥言敏行所可云爲默而能濟清修公正纖毫無私去冬欲潛依冥旨逆須别宇託以方便冒求搆立雖建三間麤屋經時未畢入此年十月便密自成辦窻戶牀簾至十九乃竟親屬道義并其上果要往看之覺其潛形測容並莫知所以至二十六日密封題東西館諸戶閤廨處磨

洗以文簿器物料付何文幸爾夕自衣食桃出所住廨云當暫齋或云暫行二十七旦獨在住家廨及還館中言色平然了無一異更香湯沐浴著諸淨衣與文幸碁博讀書而屢瞻晷景至日昳後便起云時至矣即束帶燒香往師經堂中遍禮道衆徑出還所住廨住廨住屋唯有三間住東一間西二間亦安兩高坐並有香火也衆人正言應就齋去日晡間其弟名子平往看正見[redacted]燒香出還住戶問子平何以來答云姨孃氣發喚兄還合藥煑湯

語云我體亦小惡即時欲服藥竟當還若未即
還汝可更來仍見鐺中温半升酒子平馳還說
此姨母驚怖亟令走往已正見偃臥子平不敢
便進俄頃所生母及姨母續至見便悲叫問何
意何意唯閉眼舉手三彈指云莫聲叫莫聲叫
誤人事其母欲捧頭起而蹴巾轉猶舉手再過
正巾須臾氣絶時用香鑪燒一片薰陸如貍豆
大煙猶未息計此正當半食頃耳時年二十先
已裝束内衣止止著眠衣加以法服並堅結其

帶脫羣襦卷辟之容質鮮淨不異於生一切聞見莫不歎駭以二十九日日昳後殯仍造礲冢於東岡十一月三日丙寅日昳後窆卽捧土成墳此後音影寂寥未逼寤寐將同人神之隔爲機會俟時乎其得道原由品號自具顯所受計中今略疏在世事迹共所聞見如此故載之記前又爾日於書案上得四函書並封題上皆濕一函與師一函與後姊姨母等一函與舅徐普明一大函有四紙與南館東山諸道士並是告

別同云二十七日計此當時是從朱陽還仍作書作書竟便燒香也又檢温鐺中猶如常酒氣瓦盆中已被水湯無氣都不見藥蹤迹竟不測何所因託檢記中得一藥方或疑脫是此師旣惋慨此事追恨不早研究亟令人委曲科檢諸篋蘊庶覩遺記而永無一札文幸云二十六日燒兩束書可百餘紙不聽人見意疑此必皆已焚毁懊惜彌切心猶未彌十一月旦甲子試自往燕口山洞尋看果見封撿一大函登崎嶽鈎取拜請將還開

視卽是從來受旨五月唯有夏至日後四事六月七月並具足從八月後至今年七月末止疏目録畧舉事端稱云而已未測亦並有事如六七月而不存録爲當不復備記止經略如此邪今以意求恐是不復疏之何知爾尋初降數旬中已得閑靜後旣混糅恒親紛務不展避人題之紙墨直止録條領耳想此十餘月中訓諭何限惜乎弗問此師之咎矣所封函中皆散紙雜糅今依日月次第相連如法也又從今年八月至十月都不復見一條又

尋所燒者定當非此例無容一封一焚故也亦可是焚不可顯出者也又從來有令師及姨母知者止有數條一者初夏至日晝眠内外怪責不得不説二者斷不食脯肉亦被怪不得不説三者與師共辭請雨真吉令改朱用墨此不得不説四者師得停召真吉令告知此

右周傳

五月事一依本寫郎事有隱者今朱注詮記

夏至日未中少許天監十四年乙未歲五月二十三日乙丑也在所

住戶南牀眠始覺仍令善生下簾（于時住在西阿姨母廨中善生是兩姨弟本姓朱七歲時在永嘉病十餘日正爾就盡隱居若爲救治仍捨給爲道子）又眠未熟忽見一人長可七尺面小口鼻猛眉多少有鬚青白色年可四十許著朱衣赤幘上戴蟬垂纓極長紫革帶廣七寸許帶鞶囊鞶囊作龍頭足著兩頭烏烏紫色行時有聲索索然從者十二人二人提裾作兩髻髻如永嘉老姥髻（此髻法寬根垂至額也）紫衫青袴履縛袴極緩三人著紫袴褶平巾幘手各執簡簡上有字不可識又

七人並白布袴褶自履靺悉有所執一人挾坐
席一人把如意五色毛扇一人把大卷書一人
持紙筆大硯硯黑色筆猶如世上筆一人捉繖
繖狀如毛羽又似絲帛斑駁可愛繖形圓深柄
黑色極長入屋後倚簷前其二人並持囊囊大
如小柱似有文書挾席人舒置書牀上席白色
有光明草縷如莃子但織縷尤大耳侍者六人
入戶並倚子平牀前此人始入戶便皺面去居
太近後仍就座以臂隱書按于時筆及約尺悉

在梫上便自捉內格中移格置北頭所住屋自西廂有兩開去堂屋止三間步廊子云大近後恐自逼堂而堂于時已被燒盡未解近後之旨住屋東向北邊安戶五尺眠牀約西壁即所畫寢者頭背西故得見外又一五尺安北壁即子平住也一方五尺安窻下施書梫東向硯本在梫北頭筆格在南頭故移就硯而隱梫也問左右那不將几來答云官近行不將來乃謂子良曰我是此山府丞嘉卿無慾故來相造子良乃起整衫未答云子時自覺起對分明而人見身猶臥㤀㤀不自解仍問曰令日吉日日巳欲中卿齋不答依常朝拜中食耳未曉齋法又曰中食亦足但夏月眠不益人莫

恒貪眠又簽體羸有小事竟覺倦倦如欲眠不能自禁曰小小消息無苦因風起吹纖欲倒仍令左右看纖赤豆在庭中戲走來垂至纖邊左右以手格去郎善又來架子上取堰觸此左右善便倒地此左右以手接之此人問那得此小兒子子良答家在錢塘姓俞權寄此住又曰勿令裸身善神見之小男兒名赤豆年五歲是俞僧夏兒云多災厄暫寄道士夏月裸身出戲又問郎善何人子良答家在永嘉依麼陶先生又曰陶有美志爲人所歸投郎善姓徐樂成縣人

年十六七許先依隨隱居鄮山今巳去又語子良曰卿父昔不無小過釋來巳三年今處無事地自云墳塚在越雖自羈廻亦不願移之南頭有一坎宜塞去其今欲同來有文書事未了不果明年春當生王家以其前過未盡故復出世子良本欲以甲午年迎父柩出西事不果周事角家過此未申酉歲乃更議當是其父不許移故因此告卽往驗果有坎巳塞竟卿前身有福得值正法今生又不失人神之心按録籍卿大命乃猶餘四十六年夫生爲人實依依於世上死爲神則戀戀於幽冥實而論之

幽冥爲勝今府中闕一任欲以卿補之事月將定莫復多言來年十月當相召可逆營辦具故來相告若不從此命者則三官符至可不慎之子良便有懼色此人曰卿趣欲住世種罪何爲得補吾洞中之職面對天真遊行聖府自計天下無勝此處子良乃曰唯仰由耳又曰卿自幼至今不無小諐可自思悔謝若不爾者亦爲身累凡修道者皆不裸身露髻枉濫無辜起止飲食悉應依科聊復相告言窮於此今還所任方

事猶疑冀非遠耳卿勗吾言勿示世中悠悠之人山中同烝知之無嫌便下席未出戶見門上有令春劉白等令春是姨母閒裡子劉白是白從子乃又曰勿令小兒輩逼壇靖靖中有真經前失火處大屋基今猶有吏兵防護莫輕洿慢其輩無知事延家主門是前中隔閤靜屋及壇在閤外經堂被燒移經出安靜中堂屋四間東二間作齋堂西二間姨母住始其年四月二十三日遭燒四間都盡姨母修黃庭三一供養魏傳蘇傳及五嶽三皇五符等所云真經當指在此但未解空基處云何猶有防守之卿姨病源乃重雖不能致斃亦難除子良因問不審若爲治

療腹中又有結病何當得除答曰不可卽除歲月之間不知若爲耳腹中亦有卒可差別當向卿言前云事延家主家主卽姨母所以因說病事不由於請問也姨母年四十七素患風冷恒上氣腹左邊有氣結如杯大從來醫藥所不能愈也令春等去便下皆而滅尋神明出入無方乃並牀不疑而亦有避人時蓋是渴穢賤者不可觸冒

右一條是夏至日書所受記書四麤白紙此承依別自是趙於保命四承居火者名威伯河東人主記仙籍并風雨水領五芝今玉草事出眞誥

其夕三更中復聞一人扣戶云范帥來未應巳

進修壯形貌端嚴著大冠似如幘服緋從者唯
三人衣色黑晻晻不可别戸外有光狀如把燭
不見光形帥倚牀前而言曰僕姓范爲定録府
鬼神之司定録保命二府同在一域而名界有
分各天眞守之二君並姓茅是兄弟兄守定録
弟守保命卿亦應已知之向有大丞遊行界域
記人罪福過造卿聞二君及府中諸監僚選卿
爲保籍丞此位乃始立以助領諸簿録其任數
小而高清爲美兼得宗庇眞仙二三爲宜卿向

酬對丞極不惡後何以與姨議異遂使日司閻之以自丞又疑是祅俗丞大不悅欲執卿爲無信之過故令僕來相告觀卿俗意未豁囂塵易迷何以苟縱於七魄而拘制於三魂實由卿素履帛家之事此輩小物丞稱其功而惑人意其爲牧約之卿儻早議不乖則墨簡不書周家本事俗神禱俗稱是帛家道許先生被試時亦云爾子良祖母姓杜爲大師巫故相染逮外氏徐家舊道祭酒姨母化其父一房入道是以恒慮爲俗神所犯爾日見其論抃不已乃具相戒約旣未達眞旨故不得不掞疑耳子良曰向實有疑今敢復異帥曰

夫神聖有旨豈是辭訟所讜兼向丞總領吳越任之大者自來宣諭何得不從尊府君亦有訴於丞云無復嗣丞已不許幽冥面告尚不得停而況穢身接片辭亦是不達達亦不許徒勞紙墨耳于是姨母欲奏章上言於令其作辭陳訴故師此語以斷也卿朝夕燒香乞長生神仙今既果願復何所言二眞今中間往太元府至今未反恐還當問丞故令先來相實可依心答旨二君兄是大司命太元眞人治大霍之赤城當是夏至日往彼朝謁未反也子良答曰俗人童蒙不辨眞正曲垂

貸宥實敢廻異師直云好又曰卿每禮拜先依科朝四方竟輒更禮拜司命定録保命三真君既居鄉故應爾于時子良𢫬屐横在牀前又不著衣眠師云作道士法不宜露眠不宜横𢫬屐横𢫬屐則邪不畏人子良唯應爾（科戒云上牀脫屐令正輩牀蓋為如此凡道士應恒著眠衣服牀如小單衣法衣不得露髻寢也）子良又問既靈聖垂告敢希久停可得申延數年不師云下聲傷人聞（前共疑議曰司命已白今來取實由復求白更恐其聞奏故令下聲非必畏人聞于時子平亦在別牀眠）又曰向所言事不得爾自[illegible]

有定兼復此職不可久空所以勤勤重來者正此耳今又私與卿云勿洩之卿既無解術猶應栖質有所唯大嶺之南故園之地可得安厝若其地多石則看北良常山左側應好地莫還本基本基既塵穢兼復蕪滿若葬之必不爲卿益

竟不測嶺南園地在何處良常在朱陽東北十里許山連岡亦至此間從來不開其履行看地今日倉卒便於東岡營塚後得此記檢看去年十一月八日定錄告云作屋處於卜葬不便尋其初作屋時欲近來大窠隱居嫌窠大而遠令還西館明知今葬處已是闇合先吉雖非同此師良常之言亦會定錄北葬之吉也既云無解術應栖質有所者則此尸骨不還所以令須好

安塚地耳其餘棺柩法周猶依世法用凡所受經符可以自隨者則其神衛從人復宜須三師姓諱兼受法年月恐三官水神復更考問皆應答對不得落漠留疏與家令事事亦如此是爲依師教也自題五嶽圖三皇傳及諸經符並云佩隨身但不知三師的是何者即謂當作籍師度師經師義爲直是師師相承之三世邪竟不問其尋覓此又經記所論人命終復不問仙之與鬼必皆由三官開過皆須有所承按根本由是言之師資之結殊不容易僕今去矣勿忘此證卿雖緣質有定亦須用謹正謹者邪炁不干神明衛護則招感易達卿既處此塵諠之中僕等難復數

來仍手指壁上所疏桃竹湯方云脫覺體不決
便依此方浴此方要卿那得子良答寫眞誥中
得帥曰此是南眞告楊許者卿得之甚好二君
亦標挺言未絕聞于平覺便歘去

石一條卽夏至夜所受記細書一大度麻紙
滿（此范帥卽保命四鬼帥范名疆五四帥之大者事出眞誥但未了自稱僕而卿人之意）

二十七日二更中開眼見一人在牀前容質端
正有鬚鬢甚厚細眉目年可二十餘顏狀甚可

愛著芙蓉冠垂青纓甚長著衣狀如單衣而有朱青黃白相雜厠似錦復非素腰帶不知是何所著亦有光如前范帥來時燭光也獨自而已自云是中山人因言曰茅君用爾爲丞已遣丞帥來相報事已定吾今來教爾修道之方可從而言跪子良仍起襞紙跪之

五月二十七日事此人見子良題此乃笑曰知記曰爲好歲代久遠後人見之知其何年子良曰前丞帥來已記年今詎須又曰紙紙記爲好子良因疏下作下四字

太歲乙未按如此人言便非柰留世未解周封藏之意當亦傳泄不由於己楊許先

迹亦是他迷故也

夫作道士皆須知長生之要爾既未能餐霞飲景炁已求真徒在世上無益於體令所以相徵召者一以助時佐事二以受業治身庶積年月得其力耳五藏全其髓塡實方可以求道爾令四體虛羸神精惛塞真期未可立待卽亦可且伺二星以通其感子良因問不審此星在何方面形模若爲答曰北斗有九星令星七見二隱不出常以二十七日月生三日伺之其形煥耀

異餘者爾今可畫作七星當隱約示其耆向子良因染筆作七星形此人曰我無容運手爾但安二星置綱之頭相告也次安此間是不答亦非二又安此更問答此是也當燒香整心伺之見則祈乞隨心所願亦別有呪後當相告今夕三四更中可試看之勿令人知伺時人知則不可見也又曰吾今去勿輕示人世上亦有經子有宿業故尸相受耳不聞開戶聲徘徊而滅

右一條二十七日夜所受記書一大度簿白麻相接續滿紙按別記此中山人姓洪名子涓本中嶽人今來華陽中不

顯何職後受洞房經亦是此君當是掌教學者眞誥中無此人也伺北斗二星法出方諸洞經中周從來都未窺上經性謹直亦不議求請追恨不得以諸眞經及楊許眞令一見之已雖不復任此要自於師心有虧

凡此三條皆彷彿夢耳不正分明

又別夢見懸巖峙壁鬱然若似青嶂中其在山下望見山上有二人一人著遠遊冠錦繡之衣其意言是保命君一人猶是向高座上老子也相對而談其[redacted]不解其語須臾便覺竟不知此二人後何所適

右一條二十八日晝寢夢記書兩麤小白紙

按尋記凡標前云夢者是眠中所見其有直云

某日見某事者皆是正耳覺時其見但未知爲

坐爲卧耳從乙未年八月以後遊行諸處此皆

是神去而身實不動也又諸記中往往有黵易

字當是受旨時匆匆後更思憶改之昔楊君迹

中多如此

右初起五月二十三日至二十八日凡四條

事大書小八白紙並與月録相應無闕

冥通記卷一

周氏冥通記卷之二

梁陶弘景撰

六月事一依本寫卽事有隱者今朱注詮記

六月一日夜凡此端皆題紙背作乙未年復見前丞來乃著進賢冠猶如前侍七白衣人所執持亦不異舒坐席坐南牀復有二人年並十五六許形服鮮麗皆作兩髻著衣似單衣復如袴似繡而非丞言曰一日有期差不爲疑仍指東邉一人曰此華陽之玉童定録保命二君令來相諭又指西

邊人曰此紫陽之侍童二君昨詣紫陽陳卿事原（應作此源）紫陽乃戲言大族貞虛其中凌雲者理非一人定録曰此蓋見由耳紫陽笑曰東華紫薇當焚録邪丞曰吾想此言實是賞讚卿也華陽童乃言曰夫騰龍駕霄之才理非涉世之用榮華疇（應作籌字）略之心豈會神真之想爾情無滯念胷臆蕭豁是以果而速之若無此虛豁之心者則一志而不及一向而不迴此二能得道爾既無才學可稱又乏至德之美特是採緣訪命

加以迹少愆累心無沉滯故得耳勿區區於世間流連於親識眷眄富貴希想味欲此並積罪之山川煑身之鼎鑊善思此辭勿足爲樂若必寫此則仙道諧矣又問曰陶氏才識何如答曰德操淵深世無其比又曰然恐緣業不及如何紫陽童仍言曰君言（君言是稱紫陽語也）神仙易致而人德難全是故二象雖分其間猶混真道可聞而不可見人道可見而其行難聞夫爲人者皆貪虐誕欲恣情任美所以三惡不離其心五情不

節於體皆由先世種罪多故耳若生在中國知有道德人身完備才明行篤者皆宿命有福德也述君言似訖此爾宿世已生周家君之餘嗣也今生又在周家雖出庸俗先功未弭故得受學仙宮任袠神府君昨歎云一與其別已數百年矣誠子之辭訖勸子之言盡可善勗之方當往來不爲久別又仍曰君已改子名字因人相告二童便出戸丞曰二人言盡此皆真君授其語令相諭吾不得停尋更來夜席便滅

右一條一日夜所授記書兩小度麤白紙丞猶是趙丞華陽童依後記云姓景名上期紫陽童云姓鳳名靈芝按此云子名字别因人告而後入日來說所改名字即猶是此童也當是共今未敢言耳

六月四日夜華陽童來授曰爾既挺思合神必不會世心中人惟欲求利爾不能益則有不悅爾令事人尊者若罵詈爾得罵時當存念身神耳可得聞而心勿受爾莫口應若罵畜生禽獸之屬皆當即沐浴此為賊身之大穢穢則真神不降邪氣侵人昔有劉文長師李少連少連苦

酷不道鞭打罵詈無有時節文長受而口對積十一年山神遂侵試之後成邪注病今在保命丞間爲散使緣前身有忠朴之心故得爲正神所使少連今猶在河間晝夜辛苦不可得見譬如此事可不慎之言此而去

右一條四日夜所授記書一白牋紙去歲聞其家說姨母常修服諸符恒令爲書其甄始有通感於書符失時兼亦不謹姨母責罵甚苦乃云人家養犬亦須守吠逐鼠養汝已不得供養止書符寫書而不用意用汝何爲伊于時意色極不好今由此告當由斯源也姨母以其年少伏事人恐過失無課偶非一從此後得

罵便喜笑恍竟輒沐浴大小咸怪如此至于師長之間實未嘗加以言色今則文長少連爲譬當以存三之義均耳

六月六日夜見一人來儀服甚整著丹衣青帔芙蓉冠冠上又有小平蓋蓋青色紫緣邊背上佩三青色鈴年可二十餘面甚白微有鬚侍者四人二男二女至良久乃言曰我是桐栢仙人鄧靈期聞子合道故來相慰子良曰凡庸下賤少樂正法幸藉緣會得在山宅應作澤字何期真聖曲垂啓降自顧腐穢無地自安若前緣可採願賜開

度仙人曰善哉辭也子千生已來種福多矣自然而會何待開授度子者當自有人吾特嘉子緣德來結交耳幸無謙辭桐栢當復有來者當授相待吾今去矣下旬間更相過方事遊適兩念相存執手而去

右一條六月六日夜所授記事一青紙依後別記鄧始得爲桐栢帝晨執蓋御史領華陽學仙禁真諸中所無云桐栢復有來者當謂後徐玄真也

六月八日夜紫陽童來裝服如前言曰欲知我姓字不子良曰願聞之童曰我本姓王字子遷

太原人宿命時父爲陳留太守仍移居丹陽我年十五化前身有福德生爲人復修功德死爲神補紫陽内宫玉童賜姓鳳字雲芝君今改子名爲太玄字虚靈童凡所稱君者皆紫陽也不改姓仍取周也此名字中皆有旨趣今略爲述之太者元始之極而質象含眞玄者謂應虚無之炁挺分所至非修身立功所得虚者謂形同乎假志無苟滯蕭條而應眞靈者謂在世而感神棄世而爲靈此表裏成功饗流後裔也略陳其綱紀如此別有幽

奥處未可便及此名不施于世且莫顯示子良字元穌此乃施之善名亦不勝於世直是施于冥中耳言訖便去

右一條八日夜所受記書一白籐紙其羣從兄弟皆以子字爲名子良是其本父作生便名以無別小名也字元穌者是癸巳年十七於華陽東嶺冠師爲作此字燒香啟告以授之按後記云所改名即是青録玉文者當周名仍取以名之

六月九日夜夢聞人語不見人形聲氣高厲謂子良曰若披畢紫蓋遊適偃房者神仙之漸也

唯言此而已意而言是定録神君隱告也須臾覺便見前丞丞曰向來者爾識之不答曰不識丞曰是眞君爾未宜見之故遥相告爾來按此前華陽中唯丞帥及童君都未降今此方爲其始也又曰爾聞血臭不答不聞丞曰爾體血流釋那不自知答曰自謂無血唯汗耳丞曰汗之與血一何異乎汗者血之精華人血猶如水寒則上凝夏則上清清則流泄易凝則決冰而血出是爾陂塘虛微故不能止於流耳人血如淵水不厭其溢但患其竭吾有築塘之術當爲爾

治之今但俟景挹華亦能微微爲效吾今且去外已有人來下席而滅即見一人入侍者三人來至牀前而言曰我是張孝字子安滎陽梨井人也直言此而滅見年可三十許巾紫方冠著繡衣當是高仙人

右一條九日夜一夢聞一受記書一白籐紙依別記張子安是華陽中蕭閑堂主上眞誥所無

六月十一日夜有一女人來嶺裏形貌妍麗作大髻通青衣言曰今夕易遷中有四人欲來爾所住處今既在此當不果至十九日只當來耳

子良言侍從師還此不知今夕有垂降者欲還住處仰俟可得爾不女曰既已在此已夜不須復還恐人相疑亦不須道今夕來此意子良問不審氏字可得示不女曰姓李字飛華淮陰人來易遷中已九十四年既始受學未能超進今者之來乃趙夫人見使便別曰十九日期君於西阿子良斂手而別此女年可二十三四許有兩人同來唯此女言耳一人當是侍者也

右一條十一日夜所受記書一白牋紙此日師出

冰館仍上山日没後還東嶺周送入至住處已黄昏仍留其停宿于時在水口屋尋嶺内清淨神女不集西廨混雜亥欲相從未達此趣以爲於邑

六月十二日有五人來乃三更中

一人年可三十餘黄華冠雲錦毛衣侍者四人執紫毛節持流金鈴此馮眞人也眞誥有

一人芙蓉冠絳繡衣侍者二人無所執則張子安也眞誥見

一人芙蓉玄冠緑繡衣侍者二人則中山人洪先生也眞誥無

一人紱幘朱衣紫草帶侍者六人皆公服悉有所執持則樂丞眞誥有

一人兩髻亦繡衣此華陽童

右五人前三人列坐南牀丞及童坐書牀子丞前進曰今夕有高眞來可起可起子良因起拜前者前者曰可坐子良還坐又曰周生修功積德可謂不負其志乎張君曰明鑒鏡察理當照其胷懷耳答曰如來辭洪君曰見周生不中路怡發乎（怡發字並應作怠廢字）答曰不怡發雖怡亦不能毀其金簡丞曰周生可謂保仙之人前者乃問子良曰今日諸人來暢爾懷抱不子良答曰枉蒙上眞賜降腐穢欣懼交心無以自厝乃笑

而不言華陽童子曰此諸眞人君當不盡識今
將相告上者嵩高眞人馮先生第二郎蕭閑仙
卿張君第三郎中嶽仙人洪先生第四乃保命
府丞樂道士第五則我華陽之天司農玉童故
令君悉知姓位此中諸位任何如世上侍中公
卿邪子良答曰眞仙高靈豈得以比於塵俗丞
曰能察幽惻應作測字冥者周生是也今者既曲紆
眞降願各爲其述一文眞人曰卿是其明證可
前作答曰敢不聞旨但恐卑人居前非禮耳丞

乃令子良襞紙染筆口授曰華景輝瓊林清風
散紫霄仰携高真士凌空馭緑軿放彼朱霞館
造此塵中僚有緣自然會不待心翹翹
馮真人授曰
太霞鬱紫蓋景風飄羽輪直造塵滓際萬穢澆
我身自非保仙子安見今日人過此未申歲控
景朝太真冥緣雖有契執德故須勤
張仙卿授曰
寫我蕭閑館遊彼塵喧際騁景蓋飛霄尋此人

間契周生一何奇能感玄人轍無使凌雲幹中
隨巖霜折

洪先生授曰

靈風扇紫霞景雲散丹暉八素不爲迴九垓何
足巍志業雖右（少一字）習之亦成微勗此今日事
金闕方共歸

華陽童授曰

懸臺凌紫漢峻階登絳雲華景飛形燭七耀亦
殊分寫此步塵穢適彼超世君勗哉二祀內無

令邪世聞方爲去來會短辭何用紛詩畢憑眞人曰諸人所述足以相勸戒可自思緣運剋列單心（應作丹字）厲當復有來者若能用思入微飛龍轅於霞路奏鳳響於雲衢神童啓節玉女侍軒豈待彌劫乎得道悉在方寸之裏耳不必須形勞神損也世人唯知服食吞符苟非其分亦爲徒勤更不及專營功德善積功滿道亦可議但於後生得之不施於今身矣此言亦可告家人令知之（子良唯唯奉從）張曰眞君此言可謂至教若更

能超踰徃此則二府希之難矣蕭閑堂今將爲周子之遊館乎洪君曰仁功苟積則選爲眞人府中小丞其亦未必止此丞曰其功已定亦何必須勤勤童曰二君亦適人所爲不必相逼若能積業更深則成眞人功夫若怠猶當不失此丞言畢同辭別徘徊戸內而滅

右一條十二日所受記書四白紙此中五人三人已經來馮眞人樂丞今降案眞誥有西嶽眞人馮延壽疑此應猶是也樂丞字長治咸陽人主災害四丞中之一也夫仙眞詩詠才辭通皆相類眞誥中有此甚多亦無相踰者尋此降

集所受辭意如似畧
示東華保晨之舉也

乙未年六月十三日夜見前帥來言曰比者眞
仙遊降足致欣暢乎我比恒有事遂成冥隔子
良答曰近來乾坤澄淨七景齊明仰降高靈稍
蒙已數但滓穢無以克承耳帥曰是卿千秋之
功無嗟以滓穢爲辭但卿六世祖眉爲譙郡時
尤好射獵殺傷無數賴其中時復營功德罪已
得釋卿不宜復食肉食肉恐先源逮卿幸可愼
之仙藥草自足何急噉此恐卿不悟故因暇來

相報爾子良唯承受師便去

右一條十三日所受記書一小碧紙未檢汝南周家譜不知周眉胥何帝時爲譙郡殺戮之咎誠爲莫大但身尚以蒙釋方慮殃延苗裔小爲難解亦當如立善功身既荷福慶流子孫邪此師一僕一我亦未領

至六月十五日夜中山人去後依別記目有六月十五日中嶽洪先生授洞房經云云而檢函中不見此受恐當自修事與秘重不題文迹亦可已別投藏許此正應是卧卒法事與前二星相涉所以猶是洪先生授之聞其在酉廨及移朱陽所眼一牀絕惡人近身少遊雜夕輙別牀臥如此必是修方諸臥斗之法此法是上清中品經理非下仙之品

又一人來甚華少白衣傳范帥語云前故相告食肉事遂不能斷耶今旦何意往他人處食脯從令去勿復爾望採前言副令日懷子良答曰早至師問師賜食謂是毌果不以爲欺又奉今古敢復近肉此人應爾而去

右一條十五日所受記一白藤紙其好全似楊君體其十四年巳向姨毌云不得食肉晚入嶺亦見向說如范帥語于時即然許之十五日旦又入因進往潘淵文間潘與共醮仍逼勸令其專志夜便得此信十六日旦即復見向說之從此都斷惡其今答語云師賜此亦復方便說以解責也其去歲十月

至其今年三月恒菜食既辛苦疲瘦姨母更勸令漸進裁少少而已尋又造罪尤非推拘於先殃所及既呑噬衆生理乖慈育之氣涉乎仁心者必宜斷之以成性是以仙聖爲體一向絶之

六月十九日有五女人來此則是前十一夕李飛華於嶺裏所告十九日期於西阿者

第一易遷領學仙妃趙夫人字素臺年三十許綠繡衣也眞誥有此女

第二易遷左嬪王夫人改字太英年二十許紫衣也眞誥有王進賢恐是改名卽是

第三易遷右嬪劉夫人字玄微年二十許緑衣眞誥有劉春龍而此不同若云改名恐先

第四易遷都司學陶夫人

改字智安年四十許上緑下紫衣科斗恐許此改即是許掾毋第五易遷受學

李飛華年可二十許前已經來者上緑下碧眞誥無此前云入易遷始九十四年

右五人字位並李飛華所說說竟四人齊坐

李循倚

又有入侍女一人捧巾箱箱上有題一人腰各帶大符符方一尺許黑書青素上一人執一函以蒕致函下合執之函中有囊囊有黄題應是經書四人各執一牙板板上字極細不可識並皆襟綾衣紫絳爲腰帶也衆仙是共女良久似論子良事不正了其旨趙夫人乃言告曰子冥契久著故能招感眞仙良助欣然子良笑曰不以猥

俗少便依道籍以緣幸能棲林谷豈期一旦真仙戢降喜懼交心無以自安若前因可採願賜神仙要訣以見成就夫人曰子名書紫簡何憂不仙而求於我我猶仙人耳劉夫人曰周生爾知積業樹因從何而來得如今日乎子良答曰微塵下俗實所不寃夫人曰今略爲說之爾周生違家時已應得道爲貪濁彌多遂不致獲次生劉偉家乃得學道精勤之福方流今身爾已經三過上仙籍其中或犯非法而復落去今日

之會上録來已七十餘年故經生死乃遂吾經以此事諮受録君君見告如此故爲宜說命知源由耳王夫人曰劉右嬪之言備說幽顯宿命爾可心自知之勿示凡俗悠悠之人陶夫人曰周年十九丁丑生水命人因謂趙曰此比何似趙曰亦無定總真王君丁丑生水命人位爲高真張酸亦丁丑生乃沉淪三官此不可爲定但論功業何如耳陶曰實如來告劉夫人又告子良曰夫神仙雖通玄感徹則易但凡情虛微不

能招其感耳我等今來者直尋有道者耳非浮遊無著泛濫而行也幸勿令人知知亦未然此事或生疑謗以迴爾心我乃無怪於彼但恐自招其罪耳子良曰已蒙神降豈敢自有疑但欲時呈師母耳不敢以告悠悠者又曰亦勿甲乙告之趙夫人又告曰仙道有幽虛之趣今粗爲說之夫爲眞仙之位者偃息玄宮遊行紫漢動則二景舒明靜則風雲息氣服則翠羽飛裳乘則飇輪靈軫浮海歷嶽遊聘八方進無水火之

患退無木石之憂豈不足稱高貴乎人唯見軒冕之榮嬪房之樂便爲極矣所以真道不交乎世神仙罕遊人間正爲此耳縱有知者亦不能窮而修之或修而不久或久而不精諸如此事良亦可悲周生爾勿效此凡庸之疇也王夫人告曰夫一志直往無廻還（應作環字）之慮瀟灑任理無累著之心者此乃保仙之子也儻有窮幽測遠遠求師友晝夜辛勤積以歲月或直坐一山修經用法吞符餐景處七元者亦皆能致道終

不及積業用功果之快耳爾可以此事告於來子令勤之也修此不止不患身後徒空爾自巳定無煩於其間矣陶夫人曰若能守道不動服氣吞景以鎮五藏者亦能得地仙長生不死若無金丹五芝終不能飛遊太極動靜無方也吾今猶是仙之中者未及上仙下眞也前服氣諸事往亦爲之而得如今日耳周生爾營之乎言語粗悉入四更中趙曰星巳疎矣行當應曙相與去和諸人曰應去趙又曰方當去來不爲久

別王曰趙夫人來當無不相隨劉曰來月三日當往東華呈學簿當學陶夫人相過子良問何學簿曰是易遷中教仙人學業有進退之簿二月日多一呈呈東華大司命入月三是此二月之最至九月復呈如此周而復始陶曰且作十餘日別李曰其間動靜趙夫人當見使來去不復辭別便悉下牀而去侍女隨次而滅

右一條十九日夜所受記書六小青牋紙尋此

諸夫人所說並無義旨非必止在周生亦以兼戒學者明智功德之義過於專修觀夫議

理亦聞則其理可見也

六月二十一日夜夢一人年可三十許白布袴褶平上幘執手版版黑色形容乃端雅見敬自稱趙丞使下官相聞而言曰昨所與陶隱居共有辭欲須兩事國主憂民乃至但時運應爾比諸處屢有章辭皆不與報陶既有功行周方來於此當爲驗二人之德不煩謙謙恐悒望故遣報子艮曰比風月赫烈塘湖熇竭五穀焦枯草木彫落方慮饑乏之故月共投辭希垂沾潤此人

曰當不慮不雨恐不得洪溢耳前辭言語乃好但請雨應墨書請晴應朱書並青紙上人唯言神重丹青不知丹青有不會處諸如此者世間非一但無人報其此意其既不自知反云神而無靈願更作墨書辭勿同前語子良答輙從要肯又問聖靈何姓可得聞不此人曰問下官耶答曰姓黄字元平東海人猶散在保命趙丞閒無位任仍曰不得久停或當更來斂手而去

右一條二十一日夜所受記書一白麻紙按此

年夏旱不雨積旬諸道士恒章奏永無雲氣隱居是與周共作辭依常朱書青紙二十日晴後共周于靜中奏之故三十一日夜得此夢周二十二日夜乃作墨辭於其廨廷壇自奏二十云旦周向家云昨夕有人報云今日中當雨爾旦天清赤熱了無雨意至禺中周來入嶺至上便見東邊風雲卒起未達隱居間於路便雨地得好溜唯在一山周廻左右耳此一事即共宣顯只疏云夢不知定夢定覺耶華陽隱居陶甲道士周子良辭竊尋下民之命粒食爲本農功所資在於潤澤頃亢旱積旬苗稼焦涸遠近嗷嗷瞻天雀息百姓祈請永無感降伏聞水雨之任有所司存領哀愍黔首霈垂沾渥呼風召雲膚寸而合使洪潦溢川水陸咸濟則白鶴之詠復興於今共中至誠稽顙辭請謹辭

天監十四年太歲乙未六月二十一日辭詣

句曲華陽金壇洞天張理禁趙丞前此是前所未書辭者隱居製周書始檢得後近寫又尋覓周所易本未見

六月二十四日晝臥南牀夢一人年可六十許著飄風冠披毛帔紫羅裳手執玉鈴腰帶大符以丹書黃上不似筆蹟當是織成未嘗來也侍者兩人皆絳衣進坐乃言曰德秀之美感乎幽冥吾久欲來碍以諸務遂不即果鄧生前亦應爲說我來子良曰鄧仙人備述神靈應垂降意比恒洗心潔念仰候真仙乃笑曰鄧亦尋應來良久許乃自悲

歎曰昔爲孤棲獨往賢莫過焉我嘗學道於嵩
高積八十餘年蒙得神芝服之而化雖得神涉
仙階而尸宅無寄今猶在嵩高南石室中顧之
眷戀心未能豁子當不憂此事人言得道不復
念形我念形之切裂於肝心可得無棺槨乎吾
今乃桐柏金庭琳宮之師領蒼梧仙人鎮朱臺
之内姓徐字玄眞故令知位字有在耳尋當與
鄧生俱來別更委曲不爲遠別便不復見須臾復夢
見二人乃趙丞前所使黃元平者云昨雨恨不

多來月中當更作昨往泰山見尊府君送人夕來乃始得除君死錄更記生名如此輩六人尊府君言今還北宮君儻至子良處道我今來此今故來爲宣之如此便去

右一條二十四日晝寢夢所受記書兩青紙

按鄧是此月六日來徐與鄧同在桐栢故相稱引後二十九日仍共來也惟如徐說雖得仙化猶戀於委形況在餘神鬼中乎棺槨之事便弗無矣此徐君眞誥所無而不知何處人何時得道云周父還北宮則是隸酆都所使去五月趙丞云明年春當生王家今則已去一得受生便連逮絶也又按前劉夫人云爾名上仙籙已七十餘年而今方云太山始

除死記生名尋此則仙簡鬼簿各各有名仙簡雖有而鬼簿不除猶爲未定是故得上仙名函有落除或仙鬼兩名俱正便無復黜斥還民間或充鬼役若是則周生今日之化永保品矣

乙未年六月二十九日夕桐栢有二人來一則桐栢金庭宫上師蒼梧仙人徐玄真衣服如前持玉鈴侍者二人真誥無一則桐栢仙人鄧靈期衣服亦如前但持玉鈴耳侍者亦二人真誥無

鄧先言曰久欲相詣碍以此二十七日蒙受書爲帝晨執蓋御史治桐栢山南青中館領華陽

學仙禁四宫中事以此故致乖爽徐君前來善
得接賞耳子良答曰蒙徐君垂顧歡仰無已復
蒙今降慶莫過此
徐君曰向過芧定録處云始授子玄眞經甚助
欣然子良答曰謬荷靈啓垂授眞法但肉人頑
踈修行多替又曰聞子名已入東宫青簡尚未
審其事此當與鄧生徃爲參之答曰賜與祭訪
實是所希徐仍指鄧曰此君學道來已數百年
始今得任子乃坐地獲之故知功夫久有在鄧

笑曰周生緣業果始韓侯所說當可言乎徐曰周子雖稟仙緣未得便知前身之事子良因曰鄙塞塵陋豈得知此不韓侯是誰鄧曰是東華仙候韓惠期領東宮諸簡錄治方丈第八玄宮中向云欲參子事者正詰此人耳徐曰今日匆匆不得久停尋當得與鄧生俱來不爲遠別下席同出戶侍者隨從而滅

右一條二十九夕所受記書一大度白麻紙按徐云定錄授子玄經檢別目云六月二十七日華陽童宣定錄君旨授太霄隱書玄眞

内訣云云而今函中亦無此事恐與同房俱別封也論桐栢中仙乃不應相關當鄧領華陽四宫仙禁故得往來四宫者當爲男則童初蕭閑女則易遷含真也參簡之事別在七月中

右起六月一日至二十九日凡有十三條事書青白大小合二十三紙其洞房玄真二條事於日錄中唯闕此餘悉具足

冥通記卷一　三

周氏冥通記卷之二

周氏冥通記卷之三

梁陶弘景撰

七月事一依本寫即事有隱者今朱注詮記

乙未年七月二日夜七人來

一人姓周著玄華冠服緑毛帔丹霄飛裳佩流金鈴年可五十許眞誥有侍者四人執黄毛節

一人姓王衣服似周服紫羽帔佩流金鈴年可四十許眞誥有侍者四人執緑毛節

一人姓茅著遠遊冠玄毛帔紫錦衣佩流金鈴

年可六十許眞誥有侍者三人執玄毛節又捧一白牙箱

一人亦姓茅著芙蓉冠丹毛帔玄繡衣佩玉鈴年可六十許眞誥有侍者二六無所執

一人姓周著華蓋冠服雲錦衣佩玉鈴年四十餘眞誥云名太賓侍者五人執紫毛節

一人姓司馬著芙蓉冠服素羽帔紫錦衣佩玉鈴年四十許眞誥有侍者二人執青毛節

一人則樂丞公服如前侍者五人眞誥有凡此前衣服並丞後見誥令識之

丞曰今眞人來何六拜子良即起再拜頓首

稽顙乞神仙訣

茅定録君曰功名已著無煩苦名並録我所關

周紫陽曰一與爾別便數百年我當知如一日

爾縈之經生死一何苦哉

司馬括蒼曰學道不勤而得道者乃周生乎茅

保命曰勤苦之弊何可弊言所謂先苦後樂

王紫陽曰歲月易積功業難顯昔聞周生之名

今見周生之德宿昔猶固良可知矣應是嘉字

周大夫曰周生年稚而德輿識淺而智深已三

生如此我昔微遊于世數經諸之乃能傾襟年誠而施仁也我因欲示之要言而其未堪受法故不授之今得相見良亦爲欣

周紫陽曰卿知其根由不乃吾之弟孫也昔與其于南海相遇便別別來已二百餘年矣丞曰將告卿衆真之第一紫陽左真人治葛衍山周君第二紫陽右真人治嶓冢山王君周君傳乃云紫陽有左右真人亦不顯右是王君不知何名字第三定錄茅中君第四保命茅小君第五蓬萊右大夫周君第六括蒼真

人司馬先生第七吾也此前六等並真人前後來者皆仙人唯馮君是黄庭真人治中嶽耳保命問曰粗悉此位不子良答蒙承垂告已解定録君曰前遺景上期授子玄真内訣遂未修之邪子良曰蒙賜玄真經即應修用但洪君前受洞房欲且營之成業故未暇耳又告曰洞房乃好得益遲修玄真專勤者五年中便得太玄玉女侍猶勸先營之併修亦不相妨子良應爾王君曰子勸勵之名籍雖定中間縱怠亦未必得

前此功爾勿輕示人今夕來事周大夫曰得仙者年年月月皆有但人不知耳爾申年當得上拜太極不者則酉年也此期未遠而亦復為遥子勤此中間也司馬君曰子保舉既强得業亦美道必可諧但其流行之必不怠也子良受旨一一謹依丞曰陶隱居事近亦不無此議卿姨屢有賄請二君乃無異但恐餘處不必允耳定録曰陶某名録多闕穿處不的由縱見由我我亦不得自任中間當與恩和此保命字也往諸司

命問論之意此必無若勿卒憂悒仍云吾[redacted]今去或復尋更來其間有信書疏亦可相通（因以相隨而去）

右一條七月二日夜受記書四小青牋又一片續後

按紫陽兩真句曲二君此日若始自降前六月唯遣侍童耳真誥曰周太賓普鼓一絃琴是教孫登者爲蓬萊右大人即應是也司馬揺蒼内外書傳都不見又不應是季主乃可季主兒法

育耳唯見此一來自後無復所出隱居此年四月自得夢應被召云宮府已整唯作印未成意甚惻惻徑向周説周登向其姨母道如此姨母乃密營贍信告潘淵文爲條疏作辭牒令周共奏請後天窓洞隱居都不知後方問有此亦不復問周可否至七月十三日事訣十四日旦周疏受見示方具耳止聞此一過而去屢有贍請是所未究

乙未年七月三日夜有九女人來齊著青衣絳

綠衣下紫爲腰帶佩金鈴鈴下有大符黑爲文書字上手並執板板白色似玉見衣縫縫皆有如織文綴之每縫際並有小鈴子著之行輒有聲其一女則劉玄微一則陶智安餘者皆不識亦不見與語劉夫人曰比修學稍得新業邪吾旦往東華今始還文書事粗得了見爾名已度上東華青簡甚助爲慶陶夫人曰聞近齋而俟北斗大不可言訝爾標心乃至於此星亦未可卒見積以歲月所不論耳劉夫人因喚諸女曰

此周生有淩雲之秀將可與共語一人應曰下仙未敢與高人語劉曰高下未必可定伊猶況滯塵喧共啓悟之耳何高之有此女笑曰別當相造今未容言陶曰此段易遷中有柳妙基（謂應作姬字受口語音不得字体也）孫芳華阮惠香（此三女眞諧中皆無）此三子學有功夫得度方諸第八朱臺中受書並爲仙妃故令知之劉曰周生爾欲之乎答曰凡蟲鳥非所敢希曰爾得希之所以相告陶曰夜已深宜去便欲去諸女曰待儂因相隨而滅

右一條三月夜所受記書兩小青紙按此即是前月所云送學簿呈東華還過而下見趙日乃更有餘人兼申嘲謔欲希之辭夫以涵育兩儀照臨日月山澤通氣陰陽離會莫不皆須匹偶共相映協自高真以下咸同斯義既已久表昔記于今差非嫌惑但長幼貴賤年月睽促各有終運不必可均耳如其道超域外心凝化表者時或迹應作非復體諧接文殊之感現淨名之室作賓友稱寄對扶桑諒別有旨矣

七月九日夜見紫陽周王二真人定錄君三人衣服並如前侍者共可有十許人紫陽童亦在中自共語良久定錄君乃語子良曰比勞用心

吾天事頻煩以疲我神此六日往東華見爾名
已上青簡乃位爲保晨司始吾徒也不亦巍巍
乎此乃冥符宿契雖非此間之職要應先當成
就周紫陽仍曰爾自應得此位諸局司故不以
明德相顯直奏功夫事致使移時夫涉眞境便
多有試好固心力勿弱於其間王紫陽曰得如
此甚好但恐以試爲難耳子良因請問不審幾
試試若大小恐肉人邪僻能不憂懼王曰當兩
小試或爲虎狼或爲殊聲異形以怖於人爾見

此時但整心建意勿憧惶也若不過者怪應作壞字人功夫俄頃耳周少來神瞻正小鬼時獨宿空屋夜行林草了无忌憚去嘗

魔驚及來茅山至移朱陽晨夜鬬路去來恒獨行耳始近聞人說從令八九月以來館廨往反必湏一爾人相伴小侵闇則便執刀杖人問何忽爾亦爲作呋鳴相答此當是去斯近密防諸試只二十大夕移東廨宿亦徒一道士悉下伴眠道士覺其不得眠數起坐誦諸呪說此復是臨時猶慮有異於平日致驚怖耳而遂得免過當由功力强

定録又曰胙東華集諸司命及土地神靈典司之從檢課簡録見天下民人爲善者五十分無一而況於神仙萬萬之不過兩三耳其中功夫

已成而復落除者亦不少吾將憂仙籍無復人也兼運度已過災世益難見東華上簿紫録内格中有上上真録者五人已落二人補地解無復進補者上中真者二十八人已落七人二人補下仙五人復還人中唯上一人補耳上下真者三百人已落二十六人十一人補地解十五人還民中都復上八人耳上上仙者二百十一人已落四十二人十二人補三官中職六人成尸解二十四人成賤民都成五十人耳上中仙

者二百九十三人已落七十人十人退成下仙八人得尸解五十一人還生民中復上十一人耳上下仙者四百三人已落七十八人二十人爲鄷都所引四人被考三官五十四人還民間復上十九人耳始今月標落此諸人須至分節當上言太極更記死録於太山見此輩良爲可悲並皆修法不勤或先亡引逮所行乖道或先勤後怠失此功夫一何苦哉亦有垂登雲天者日月不空並下教眞人降授之其或處在深山

或學道歷年人並不知此吾等亦時時教授如爾今日人誰知邪

周君曰茅定録説此者是戒爾之深矣勿怠惰于其間爾乃近在下品仙人耳爾乃當登中仙之上得遊行太極控駕龍鱗不亦快乎王君曰茅定録及周紫陽所誠實爲深矣足爲子之實録也此句曲山中亦有三四人入下仙品欲知之乎子良因問家師陶公何如答曰假令爾如其者則斯眞不難也陶久入下仙之上乃范幼

沖等也一本作中仙之中後濃墨點作下仙之上本解所以既云久入令當由息替致降二階邪范幼沖爲範初監出眞誥中未知眞仙品與都水監何如耳已說句曲有四人欲郄之乎而竟不得問是誰甚爲可恨令以耳眼所聞見者在男人中有蔣薛女人中有蔣宋並久就修學其長少男女南北亦復數人或有德行或有信識但于學功未深耳許靈眞雖先聖之胤而有家累亦未得涉學楊超遠令雖在林屋先是舊句曲道士甚有才意令太知誰當會此三人之數者但應各加精勤庶充此限耳

子良又問子良姨何如答曰乃得無大過但令勤之後身或取耳今生且未可言其姨母本錢塘人姓張三歲失父隨母重適永嘉徐家仍冐徐姓十歲便出家隨師學道在餘姚立精舍性至眞正唯攝

妹兒子良一人至年三十五公制所逼諸道義觀令其作方便出適上虞朱家而遂陷世法以此恥慨致結氣病涉四年育一男便攜還永嘉從此離絶至今十有一年乃示小來手未嘗殺蟲蝶妄折花草唯日中一食而恨性過嚴治于月下刻急如今所言乃得無大過獨是不無小失當以不能遂固節敢命兼挫辱于神鬼故也學業既淺豈望今身有果但爾三生得以爲幸矣

周君更問子良爾姓何等子良倉卒不得道前賜名字直云姓周名子良君勃然曰何以謬濫汝乃道士周太玄字虛靈而比於世中周子良邪汝名書玉簡皆作周太玄勿復勝應作稱字子良

唯丁世上名于良耳勿以隱名示于俗人天下人應得道者何限而偏依依于爾非直以擬命感眞亦如以親逮故耳昔有楊許者楊恒有神眞往來而許永不得見所以爾者許心徒勤謙猶欲想未除故不得見楊位亦不大于許其神凝志安萬邪不能干其正華綺不能亂其心故受語于楊令以示許也爾令得見吾等亦如楊之用行耳凡此事莫輕示人吾昔與裴清靈去來華僑處授其言語令以示許僑宿本俗民性

氣虛踈不能隱秘告其一法迴而加增逢人不
問愚賢輒敢便說之如此既多便迴受于揚耳
僑乃流沉河水身沒異方得脫以來始十四年
耳今猶在鬼伍晝夜辛勤諸如此事可不慎乎
爾勿示人此事也揚許及華僑事皆出真誥中也
定錄曰昨見楊在東華語我要來其云欲來碍
以諸事別當看之耳
王君曰此月初耳見許侯與紫微夫人及右英
共嚮龍車往詣南真紫微問我見有周太玄巳

刻紫録將應得道比欲觀其德業君見之不吾因答已經詰之乃有蕭然之德甚可啓悟紫微言别徃看之年秋事今得去紫微夫人主下教者定録曰言語粗悉足爲周生保試令且去天務繁多明日望定因相隨而去此二更中來入四更乃去言語多亦不能盡得記憶也

右一條九日夜所受記書五白官紙此條中多説上落及宣漏諸事全是欲嚴相誡防恐脱言訴便致譴黜既如此伊何由敢顯雖復王威加逼金帛蒲堂亦當杜口道義等故自息求而此中引惕許之諭亦何必不别有所指追恨

不知早相共理令闕佚漸加鑽訪必不徒然往矣如何猶冀于冥途之中既更通感耳

七月十一日夜見桐柏徐鄧二人來衣服皆如前徐至便言曰名已果上東華定爲保晨司甚助欣慶鄧曰昨已應有說此事者子良答爾諸眞亦粗說其事但子良庸陋豈敢仰希恃蒙神眞提拂不論耳

徐曰近見趙威伯作事上保命曰周子良字元龢右一人改名太玄字虛靈以其生周逹家已上紫録次生劉偉家復書玉編既經歷辛勤今

謹依上科報以下仙爲保籍丞羽儀衣服如故
法保命仍將徃共定録省察良久乃作讃上東
華曰周玄秀德心志虚清謹按紫格可刻仙名
東華乃更命以七月七日會仙官檢名薄因得
爾品目位合中仙更奏上仙爲保晨司韓侯仍
作事曰周太玄字虚靈右一人昔標懐道之志
令見蕩然之德上合乾綱下應地紀依如仙格
合中品之上伏見保晨司年限欲满請選太玄
以補之謹上青君命云如牒仍作簡文曰惟周

太玄困業樹茲刻名仙簡爲保晨司此韓侯刻紫玉之簡赤金爲文以上言太上也吾聞此位尋滿不出一二年中應相召也子良問不審此位若爲羽儀徐答曰亦不可爲定更由功業之高下理有丹龍録車玄羽之蓋素毛之節青衣玉女五人朱衣玉童七人執鴻翮之扇建扶靈之冠服紫羽之帔絳霄之衣帶寶玉之鈴六丁爲使萬神受保知天下神仙切大之事教學之方非復人間保籍丞也故指來相報

未可示人身之遺迹乃後人之所效耳鄧曰桐

栢眞君乃欲來須見太虛司陰二眞既累去後與兩小兒

竟夕𢬵檔恐明日人來見蹤迹于是內外無知

者以至于今唯密以啓聞耳尋此便是前緣所

招或咎譴應至定録趙丞灼然知見而不可較

也尋既未知應爲此位那言不大欲爲恐是懸

照此意自發上道心禀老君誡解其性理習忘

相懷于一切有爲無復執著與時求道之志便

有濃淡故以推心知當不大欲爲耳今既忘言

于取捨便亦不辭此任但令得在能利益衆生

處雖卑雖苦其心爲之後云雖欲蕩情散慮亦

未能多去此實神察六七往道中猶煩惱未盡

況此倩恐望都隆邪五年十年非但未定朝聞

夕殞亦是所願周生既已見捨便欲促往尋之

從別記目録比月十五日保命授三天龍文并

令且混人勿異迹行來動靜但意云此一條不

顯出恐是與
龍文別封也

右一條十一日夜所受記書三白官紙此條中便是定位即云待前人滿則未便到職但未知猶且領丞住俟期而去爲不成稱丞直遊散住邪此非可意求須有通感髣髴乃可知耳計今心應猶在洞中也

十三日夜定録趙丞俱來定録曰昨與思和至太玄府仍詣南夫人論陶某事乃得由少時子良問申幾時又曰未測幾時或五年十年事雖關我亦由上府繼東華隸司命未敢爲定趙丞仍曰且已被東宮命令且住召陶某事子良問

召爲何職仙官鬼官丞答蓬萊都水監高光坐治水事被責似欲以陶代之旣且停召當更選耳此是仙官隷司陰府掌水事以陶有勞故得補之如陶意似不大欲爲此位旣仙陶當不知卿可以事白陶也少許時又曰夫人生禍延福湊皆有因而至非神明之所如陶今夕心意豈復憶此雖云欲蕩情散慮恐亦未能都去如何復言合丹事云云（不知此所道弗聞可恨也）又言青童大君月末當來華（當脫陽字）檢選仙事云云

右一條十三日夜所受記書一小白紙按此告即符前二日所云中旬間去爲論也周以十四清旦來入嶺止疏前停召事見示即問周何意有今夕心意語答云亦不解所以見意色甚不好子良亦不敢問于時既密解此意便止不更重論嶺裏以十三夕一更忽被寇似有六七人皆執杖奄至階前一人喚言在御仗中蒙假還東畔等數人之資粮故來就先生乞于時已開戶未眠聞此便開戶當對呼進隨意所須衣服物器一階捨與別屋兩小兒並被録置既從來未嘗見此不能不懼而猶向其道但各取重擔徐去必無告討正恐君劫道士罪重我當作好意相與使後也

十八日夜見定録曰陶乃答吾前語年限猶未定別更報爾所云欲住雷平山後此亦不勝今

居論災厲刀兵水火之事乃爲好耳此地本非可隱居寂處直可以避災害住與不住無勝否也又論方託形何處此由人心心既未發吾寧得知方將而言唯句曲可住吳越名山乃不少未見有大勝地猶勸陶居此山

右一條十八日夜所受記書一白藤紙陶隱居既得周所宣事以十五日疏作辭語與周令接觀之日爲申陳如此即是酬之告周竟不以此見向道當是無正可否以宣也于時至尊垂恩爲置宋長沙道士二廨并左右空地于此廨西復爲起觀前左右即是許長史舊基竊恐側近真蹤或以致譴故二三因聞耳追

恨不得作方畐通辭方畐通辭則亦應方畐酬答也

二十五日夜夢見唐趙二丞來趙曰近何意恒勞苦損人精神惛人耳眼令去勿復遇辛苦子良問不審住此廨中好否比者恒憂與盜事趙回頭曰此事關唐丞唐丞仍曰雖見關亦不得自由夫災禍亦非鬼神所知此廨自不須多憂疲人心慮子良言劫盜事深以仰憑答曰自保易不須過憂便去君論期運事竟應相造也我等且去尋復相過子良起送相隨而滅

右一條二十五日夜夢所受記書一白官紙

此夏旱人情惡山有尊長但慮驚怖畐故以此祈訪也唐丞名公房亦四丞之一主死生計劫盜事正應由樂由樂丞不知關唐也記中從來見唐來事令若始遂應有始相識語恐前已有不必存記耳西廨此後至今顧蒙安隱也依別記目錄此月二十八日唐丞又云劫盜事不令憂云云此不顯恐是不錄也

右起七月三日至二十五日凡有七條事書

青白大小合十紙于目錄中缺一條餘悉具足也

周氏冥通記卷三

冥通記卷三

周氏冥通記卷四

梁陶弘景撰

此卷從乙未年五月二十三日初通至丙申年七月末月悉記所通目録共五六七月並具仍即前別三卷自八月後至今年七月末止有此年目録無更別記

乙未年五月二十三日晝保命府趙丞告云云

乙未年五月二十三日夜保命范帥告云云

乙未年五月二十七日夜中嶽仙人洪先生告何二星云云

乙未年五月二十八日晝夢食合金液醮云云

右四條五月事中今別撰在第一卷三條云見一條云夢

乙未年六月一日保命趙丞華陽司農玉童業陽内官玉童各告治身之行云云

乙未年六月四日華陽童告人罵辱令心勿受云云

乙未年六月六日桐相仙人鄧君來結冥友云云

乙未年六月八日紫陽玉童宣周君旨改名字

云云

乙未年六月九日聞人隱告坐卧偃房事 云云

又保命趙丞告流汗事 云云

乙未年六月十一日于東嶺宿易遷女仙李飛華告有五女仙欲來 云云

乙未年六月十二日中嶽眞人馮君蕭閑受主張君中嶽仙人洪君保命府樂丞華陽玉童凡五人告長生要言 云云

乙未年六月十三日范帥告勿食肉事 云云

乙未年六月十五日中嶽共先生授洞房經云云

今缺此記

乙未年六月十五日范帥遣人來重責食肉事云云

嶽去後來

乙未年六月十九日易遷五女仙來告生死因緣根本云云

乙未年六月二十一日趙丞遣黃元平告請雨事云云

乙未年六月二十四日蒼梧仙人徐君棺槨事

(云云)

乙未年六月二十四日趙丞又遣來告請雨騰辭蒼梧去後(云云今缺此記)

乙未年六月二十五日黄元平告巳落太山死籍(云云)

乙未年六月二十七日華陽童宣定録旨授玄真經(云云今缺此記)

乙未年六月二十九日蒼梧徐君執盖鄧君告名巳上東華(云云)

右十七條六月中事今別撰在第二卷凡缺三條

今見十四條
並不夢言

乙未年七月二日紫陽周王二眞人定録保命二眞君周大夫司馬括蒼樂丞同來大論語事云云又及隱軛事云云

乙未年七月三日易遷有女仙來云名巳上青簡云云

乙未年七月九日紫陽定録告巳進爲保晨司并論上落人數云云

乙未年七月十一日徐鄧二人來云參定東華名說上事牒云云

乙未年七月十三日定録君及趙丞告陶得停召合及事云云

乙未年七月十五日保命君授三天龍文并令但且混入世勿爲異應行來動靜營爲出入任意但勿違犯正法耳條眞法時但默行莫令人知神明不以萬里爲遥不以山海爲難戀行應動任所趣勿以吾等爲礙云云今缺此記

乙未年七月十八日見定録君云陶答語及問所住云云

乙未年七月二十五日趙唐二丞告勿過勞神疲體云云

乙未年七月二十八日唐丞告刼盜火禍不須防慎不令有憂云云今缺此記

右九條七月中事今別撰在第三卷缺二條今見有七條並或見或夢并右三十條並有具記唯缺五條從此後並無別記實爲深恨

乙未年八月一日范監來告云此日諸真相就論説勸已畢自今已後欲令自來處處遊觀云云此云來則非夢

八月五日夢從一朱門崇闕入見司命君見授夜光芝云云夜光芝是句曲五種芝之限

八月七日夢入華陽中先經保命府後至定録間次往蕭閑採龍仙芝云云此則從兆入而向南也龍仙芝亦見五種芝之限

八月九日夢至定録間見問云乃同入齋邪云云

爾日在中堂王法名爲皇家塗炭齋

八月十二日夢與定録君與華陽内共乘車侍玉女三十人奏天樂造南眞于丹城南眞見告云云因又告太玄太玄示以仙籍云云二眞府並在大霍也

八月十五日夢與定録保命共往紫微夫人處云云紫微治玄龍宫應在北方

八月十六日夢至方諸見青君府不見青君乃見韓太華丹青館宋夫人見告神仙之要委形之術云韓太華始以今年度東宫受書朱宫玉妃之賓友韓出眞誥也

八月十九日又夢造方諸正見青冂君出遊楊君九華及許仙侯皆從因造韓侯見簿籍事云云韓卿前卷所云東宮典錄籍者夕惠期也

八月二十一日夢與保命至蓬萊見周大夫又至一朱臺巨闕青冂軒紫房云是司陰府陶某近正應治此東南一玄宮中因復行見一人面金色長短中形人著飛青衣冠見告道法之事云云保命曰此是小天奉法人周大夫仍告道業因緣甚多云云周大夫即大賓真誥亦云在蓬萊司陰君主天下水事出馬君傳前不知

那治在蓬萊小方諸多事道事亦出真誥

八月二十五日夢與色監趙丞至大衡山見南陵薛大夫中黃杜大夫見授隱變方因爾又行見一草屋甚高大絕有其泉雜生衆華范監云此是遊仙之廬因共入坐屋下談神仙事云云薛杜二大夫真誥中無也

八月二十五日夢入華陽造定録諮來年十月可保得申延不答云可爾云云此其猶欲留世意所以發此請雖初云可爾恐後復相詰却審得申則不應十月果去也

八月二十六日夜夢定録保命來見告云明當復往東華過司命間既是天事不復得同當更爲訪韓侯論爾更不廻異不此前及後屢道明簡事此則不可爲定進退皆復由功過故也

八月二十九日見上期來宣定録旨云韓侯甚有懷於爾簡録猶因云云此云見來則非夢也上期是華陽童姓景名上期也

右十三條八月中事二條是來十一條是夢往

九月二日夢至華陽中見二君云云

九月五日夢又至蓬萊先過司命司命見告服神丹應先須名上仙籍乃得服之云云乃至蓬萊見周大夫食一草狀如槐香而紫色見告云子未得食此得食此便如吾耳及火棗交梨事云云火棗交梨出眞誥中亦竟不知此果是何神奇

九月八日夢與趙丞共遊易遷童初二宮二宮相去可五六里易遷女仙宮童初男仙宮而未知東西引爲南北列耳

九月十日夢與保命到一山山形平圓異於人

閬山名爲丹龍云中有洞多仙眞丹龍云在陽洛之南是南眞所治之宮也九月十五日夢獨往桐栢山見金庭館珠寶煥麗宮室行列姝多亦有青黄盡相似復云有金庭洞宮自所見者非其限乃衆仙之遊憩典司之所治耳非王眞人所居東方大君來時別復有宮雖云有而自不見桐柏右弼王所治之處亦云山内外並有宮府九月二十三日夢定録來于朱陽見攜到司命府道逢玄清紫微二夫人乘雲軿從二十餘玉

女語定録云司命紫陽正相遲塵生今來亦是其冥意言見笑爲塵生不言是陳生

定録答語云云當爾時亦不知在何所但覺飄然而行耳到司命門即見紫陽共見告大有所言非可具記此應有奇事也

九月二十五日忽夢見張理禁令誦道德云云道德二篇實道書之宗極太極真人亦云誦之萬過白日昇天

右從前來至此並墨書大度西麻凡七百紙

九月二十九日夢見天西北有一物長數十丈

青赤色首尾等大狀似虹因到張理禁處問此爲何物答云名玄霞之獸或呼爲水母乃可愁矣夫有中之無未若無中之無空無之理難可思議此九六之災顯矣人誰知之張爲保命社禁伯主請雨水過以問之事出真誥張既善談虛無每語輒入斯境隱居謂有中之無自性空也無中之無畢竟空也但未解說此向指耳

右八條九月中事並記云夢

十月二日夢見洪先生見令誦太素祝云云未詳此出何經

十月五日夢見定録君云比來多諸進御善自禁節勿縱志也似應作恣字既丞有上落實宜恒加精勤也

十一日見紫陽定録保命桐栢來及移朱陽事云云不知論此可否云何

十八日見定録云朱陽非爾所居處若不能遠去只朱陽左側好良常爲勝恐爾不能處之耳此月十九日隱居始移朱陽住岡亦同來既是公館當慮有目之事以爲妨碍故也

二十日夢見南真紫微云云

二十七日夢見趙丞洪先生及星事云云猶應是司二星

事耳

二十九日夢至一處名爲陰城之宫大有仙人而自不識未見陰城宫所出處

右七條十月中事二條云見五條云夢

十一月三日夢見洪君及唐丞言曰雲閣星沒唯宜矚南山坐耳此雖可聽而非求眞之體三日應司二星既雲閣亦不宜便眠耳

十一月八日夢見定録因自陳欲寄朱陽東爲小屋未審可爾不答云東好所恨下葬爲不便

耳夫居當作四合舍不者不可不作堂東西廂若不爾名爲孤凶宅但以意作之爾其去矣以遺來者吾見陶其比意大欲相試爾但浮此跡勿畏人不信得不信乃爲吾之快矣東岡有兩大冢皆可營墓初本欲于西冢作廨恨廣大更令就冢西立廨近朱陽爲好周令定葬東冢正南向

十三日夢見周君言曰陶其或信不信多好試人但爾比亦喧然多諸雜相可自節此頻頻告云陶或信不信欲相試令追思不■可有不信事自從遺想來凡一切有爲通無爾恨耳于周事實亦謙尚亦不乖背正自愜然有特見其過凡既率嫌接神之體不慮爾至丁周欲別立屋便虛

相許自爲看地給錢一萬伊本願即作二間堂東西廂各三間林竹至而道士心未善者互興言説遂不成復作廂止三間堂屋而已今日方見事亦如此明非已立意也此者微有準擬猶欲追爲起之期留啓云止請留一間既爲遊舊之所今則並修理之不令蕪雜也

十五日夢見洪君來告曰爾即欲所居西北面有故氣吾今共汝看之便往至彼處見一人形極醜陋君曰此即是大都畏人居之定無苦朱陽館及彼廨以後乃有二三塚狀似古塚既林草榛蕪亦可經人埋塵不見有巫場處所云故氣正當魘爽輩耳既曰無苦便不爲害也

二十日見一女人形容姝麗上下青衣侍二女

至戶內立而無言
二十六日夢見周蓬萊云北斗已復不見而視於二星云云當是二十七應司二星今夕已陰晦必不見也
二十九日夢見茅二君周二君並有控乘遊於雷平直取伏龍定錄並舉手見向如謝去狀雷平在館東南伏龍在西北便昇空從館十度故得相望也
右七條十一月中事一條云見六條云夢
十二月三日見徐登應作鄧字二君言去二十九日桐柏府校籍頗誤上罪人典簿三人被責云云便不

了事所以也

七日夢往司命處告玉清清玄事云云此所論殊高恨不略說也

十一日夢見韓夫人云此者情志落落彌入真相云云應事韓太華始以七月度東宮爲妃

十九日見一人駕大車形容甚壯從者十人直見拜温涼而出

二十一日定録告云前來拜者鄷都執法君蔡子遷也爾方綜其上官故來通報耳云云保命府職僚皆

摠治鄷岱丞位彌相関涉上官當保籍任也

二十五日見趙丞直云仙籍空矣爾勿憂矣故七月中定錄所歎亦云方憂仙籍無人

二十八日夕見定錄趙丞范帥三人子良問所通辭仰呈君未君云適得君仍語丞云可速因直爾而已更別餘語云云此中似別有事旨不容備言亦應是爲帥見有辭存

右七條十二月中事五條云見二條云夢

閏月三日夢見韓夫人云世上方無復蹤如可

云云韓猶應是太華

六日見洪先生云子勤之勗之前後事事也云云此亦勵息耳

十五日見保命云爾屋事勿以在懷傷人神氣其人尋來就上其正月欲葺屋而所願師永不來乃云欲作辭告縣攝之師定尋自來當由此故有今告也

十八日夢大司命君問曰子欲仙不答實願仙云願仙何不學仙云云

二十三日見洪先生云此所問泛舟者乃中嶽

仙人于朴也其前生經識陶其耳非今生相識也豈復來於此邪去冬有人姓顧名道度從外江還云于大雷忽逢一人乘小小鹿頸船于劣容一人從浪中來直呼顧姓名云下都去欲寄書與茅山陶隱居隱居巳與我欲助其功夫以獻主主正爾見作書垂當授與忽云罷君會不往山我尋自下云此人自稱姓彭顧至都匆匆往廣陵欲宜此消息而無方于華監閒過嗣眞館道士彊文敬因疏寄具還如此隱居唯聽其下亦不以問周周當是問彊說自私訪冥中既如此告便當不復自下

二十五日見定録保命二君保命曰年內多勞扇削鬼神三官中奏爾云多罪吾巳却之不宜三過如此云云伊蒙神眞扶奬如此不免三官所奏況庸庸之徒邪唯各宜如履薄

小耳

二十六日見周君云葛衍之東水已加八十一文南衡山西邊頊崩爲淵云云

二十八日見徐君云韓衆已復有事今與鄧生往看之云云此詎不衆字惠期邪衆亦云作霍林司命歲夕夢見司命南真南真見授一子大如鵝卵令噉之司命云道未成不得九轉之華且食此亦足明爾云云

右八條閏月中事六條云見二條云夢

右從八月初至閏月月末凡六月中合五十一

條事十六條云見三十五條云夢從九月二十九日來至此並朱書大度色紙並紙黃書共一紙也

丙申年正月二日夢造小有天見王君爾云何遑遑於人間名已定勿虧頓於世路云云此王屋三清虛上君爲下教二十四真人之首也

十日見洪君范帥云明是戊寅上玄治建可戴屋云但宅不得其所洪云大象尚復無常人生有何定邪只此亦好又及洞經事云云其本欲取此日戴屋而師不來又小雨遂不果至丁亥日方得戴耳

十一日見定録保命桐栢周君周君云爾不復翫眞道耶吾將去爾子良未得答定録乃云其心不然正是身廢耳紫陽試之耶保命云爾何意頓取人三百斛穀子良答不取又云見取何云不取已爾别自語所不能當埤之餘别了其此數旬中爲起屋事恒慞惶不作恐身既廢心亦是急定録訶之耳取穀之事了不聞有此音迹計三百斛穀是百三十斛米平人六年食恐以爲食師以此米者其從來爲師使本是衣食弟子不應以此爲責伊云不敢神證云取兩不應妄又云别當埤之思此答所不解

十四夕夢見許仙侯等五人自共語許云自宅

此宇未足久便已近二百許年又聞一人答兆刧尚復脩爾此何足爲遠不知是誰許長史立山宅應是晉穆帝永和中至今一百六十七年耳

十七夕見定録唐丞來中君云許侯近所言亦深哉唐丞論北臺事極多非可書銘北臺鄷都北帝臺

二十四夕見定録君云念眞不容穢氣無辯自云研瑩之云云

二十七夕見保命及洪君洪君云勿輕說人事云云此當有所諱不知是何耳

右七條起丙申年正月中事四條云見三條云夢

二月三日夢見洪先生云北斗事云云此復是司二星也洪是授云故屢屢言之

七日夢見定録云臨海燒山中有仙人遊在人間自號彭先生實是鄭玄字子陰陞渾仙人也朱交甫令其觀上人情及修道者其尋或當來先昨已往建安臨海人書與道士鄒堯云其人彭公在此不堯得而挿靜檽故人得見之其人亟乘一刀一刀小船而歌曰太霄何寞寞靈眞時下

遊命我囂塗際採察雲中儔世路多濕濁真誠不可搜促駕還陸嶺人間無與酬步行亦永此其若來可不不接之其人形中人面左邊有紫誌著黃絹帽多髯而前齒缺是也書此一條獨委曲者當是或欲示後人也燒山即赤水山今亦屬永寧樂成二縣共界未知鄒堯是何處人顯昭形服如此便是可察正恐伊知人識更復改容耳

九日見丞云此者情志何甚索索云云

十四日見定錄云司命來月中旬當來西宮東宮人亦並來故逆示云云此當是云三月十八等見其此日亦有辭本存

二十八條十八條云尋十條云夢

右從目録凡用墨朱黃三色書大度白及細紙合十六番八番白八番色并右從去乙未年五月二十三日初通至今丙申年七月末合一百九條六十三條云見四十六條云夢從八月初至十月二十七日捨世凡三月日中文書記不復顯出尋八今年來月月所記自疏簡未知是不復悉記爲時近致希邪周紫陽記九真玉瀝丹方云輕于九轉易于九轉此別一紙無

明

月

九蘂紫菌琅葛芝之一斤出南闕句曲北亦有

丹朱玉漿二斗出南闕此閒亦有也

右二物細切芝竟仍以玉漿一斗漬之一宿埋陰垣之陽去垣三寸入土一尺以白瓦器容四斗許盛仍以瓦盤盖之蠟蜜封之上土令厚二寸以今日午時埋至明日午時出之持之南行取巳所住戶十二步乃置眠牀頭按上至明日午時又以銅器盛煎之令火齊器底勿令火豔出器邊也得三沸見又丙玉漿一斗又加火高

二十九日見保命云勿犯霧露云云

右三條事三月中事並云見

四月九日見定錄云前疏文辭殊雅但恐心不必然耳云云不見此辭本也

十五日見三丞及洪君來云鄗下都邪勿不復反山諸人自共語多不了其于時欲出都定不果六月只去耳

右二條四月中事並云見

五月九日夢見司命定錄保命及衆真並見試以緣業事云云色不悅又及應憂盜事云當時相救

十五日夢到東宮拜青君見韓侯等雖不面見青君而傳譯意氣大見憐愍韓侯接對如常耳如此說者前韓衆便非恵期也

二十九日夢司命三君云前事遣赤城外衛軍十人相助遂不能都此字草漫不可識也亦得可可耳不解此何若是前所云憂盜相救助者則不應言亦得可可也于時實都得寂然也

右三條五月中事並云從止月來至此見並黄紙書人度細色紙凡四紙半前篇紙按年末朱書後

六月十日于道中眠夢見范帥云惡魃横行不

可卒禁勿輕慢之雖無如人何交爾不好云云則暫出都以此月九月曉出山就埭宿十日早發爾夕應在湖孰方山間此月中遠近多瘟病

十九日于第中夢斷肉乃食鵝膏未可解也追檢此日王法明文子在館宿延陵稽茂无亦入共多責郭邑敍果食中必有鵝膏煎煑之也

二十八日夢見紫微遊行云云

右三條六月中事三條並云夢

七月一日見洪先生云八霞之表已陳爾居處東萊可不裝束云云大多不可復載此中當說去留文會

八日復夢見韓侯紫微楊君定録等多爲論性

命之致因緣罪福之源若疏此可三四紙許不聞此亦爲殊恨也

十七日見保命趙丞多論天地災橫之事亦甚多不可記此事理難當說

二十三日見衆真凡三十人多論人治身之本謝殃之法甚多亦復論作九轉事云云此條不顯爲恨最深

右四條七月中事三條云見一條云夢從六月初來共紙一大度白牋紙也

右從丙申年正月初至七月末凡七月中合

二十日夢見司命君君見令取青此一字草漫未不可識也以呈司命司命云此可耳心未真也當更研瑩見景上期來云二君今往龜山聊過令知如此所見意氣欲動前與人戲過致使時魅相侵賴得高監相爲不爾幾致變聞周在第中忽輒病恐是此意高監不知誰洞中不見此人也又曰裏屋人自稱木道士者是非星鬼官所使勿信之以邪情亟惑人壞人真氣可急詰許篤去已遠不得久停便去周在都仍就王法明同往

南廋第道士館中在外屋宿當是欲進諸木問事故得此告其還多有問木者而都不說此事實能慎密也

二十五日見唐趙二丞來云還于舊居便共覺蕭然多論九轉事云云并二君令告云云其是二十三日還至

出意殊不許遊行人間九轉事無聞一何可歎也

右六條二月中書三條云見三條云夢

三月三日見保命告勿食草之正心及餘事云云

紫文仙忌云爾止謂此一日耳

八日見趙丞垂天下邪鬼之事令慎之諸云云

初五分許可以蓬蒿爲薪煎令餘一斗漉滓乾之閉汁三日三日竟開視上當有紫光曜目夜不用然燈此即成矣又以藥滓置木臼中搗三百二十杵紙裹令密告以投水水流即停若封屋室萬人不能開若儸劫賊合衆不能動封山山開封人人俟若欲速登天可併服之即死矣若欲且留世當稍服之盡亦仙矣勿以分人及令人知見也唯可心知口服而已若令人知空笑此藥也

右此一方無年月日不知何時書滿一白牋紙謹正此藥名既又云唯可心知便是難可思詳已歷問同住人大小咸云不覺見垣內埋藥亦不聞木臼擣声恐或別處作不論耳既云服之即死故迫以疑雖見溫酒亦或倣以乱之耳言

大凡四卷眞本書雜色合六十五番或眞或草行

周氏冥通記卷四　終

丁編·文獻類

養性延命録

（南朝梁）陶弘景 撰

南京出版傳媒集團
南京出版社

養性延命録序　臨二

夫禀氣含靈唯人爲貴人所貴者蓋貴爲生生者神之本形者神之具神大用則竭形大勞則斃若能遊心虛静息慮無爲服元氣於子後時導引於閑室攝養無虧兼餌良藥則百年耆壽是常分也如恣意以躭聲色役智而圖富貴得喪恒切於懷躁撓未能自遣不拘禮度飲食無節如斯之流寧免夭傷之患也余因止觀微暇聊復披覽養生要集其集乃錢彦張湛道林之徒翟平黄山之輩咸是

序第一

好事英奇志在寶育或鳩集仙經真人壽考之規或得採彭鏗老君長齡之術上自農黃以來下及魏晉之際但有益於養生及招損於後患諸本先皆記録今略取要法删棄繁蕪類聚篇題分爲上下兩卷卷有三篇號爲

臨二　一

養性延命録擬補助於有緣冀憑緣以濟物耳或云此書孫思邈所集

養性延命録卷上

華陽陶隱居集

教誡篇第一

神農經曰食穀者智慧聰明食石者肥澤不老謂鍊五石也食芝者延年不死食元氣者地不能埋天不能殺是故食藥者與天相異日月並列混元道經曰谷神不死河上公曰谷養也能養神則不死神爲五藏之神肝藏魂肺藏魄心藏神腎藏精脾藏志五藏盡傷則五神去是謂玄牝言不死之道在於玄牝

卷上第一

玄天也天於人爲鼻牝地也地於人爲口天食人以五氣從鼻入藏於心五氣清微爲精神聰明音聲五性其鬼曰魂魂者雄也出入人鼻與天通故鼻爲玄也地食人以五味從口入藏於胃五味濁滯爲形骸骨肉血脉六

睟二　二

情其鬼曰魄魄者雌也出入於口與地通故口爲牝也玄牝之門是謂天地根根原也言鼻口之門乃是天地之元氣所從往來也綿綿若存鼻口呼噏喘息當綿綿微妙若可存復若無有也用之不勤用氣當寬舒不當急

疾勤勞混元道德經曰出生謂情慾出於五內魂定魄靜故生也入死謂情慾入於胷臆精散神惑故死也生之徒十有三死之徒十有三言生死之類各十有三謂之九竅而四關也其生也目不妄視耳不妄聽鼻不妄嗅口不妄言手不妄持足不妄行精不妄施其死也反是人之生也動皆之死地十有三人欲求生動作反之十有三之死地夫何故以其求生之厚也所以動之死地者以其求生之活之太厚也遠道反天妄行失紀

○蓋聞善攝生者，陸行不遇兕虎，入軍不被甲兵。兕無所投其角，虎無所措其爪，兵無所容其刃。夫何故？以其無死地。以其不犯上十有三之死地也。

莊子養生篇曰：吾生也有涯，向秀曰：生之所稟，各有極也。而智也無涯。[註二]嵇康曰：[三]夫不慮而欲，性之動也；識而發感，智之用也。性動者，遇物而當，足則無餘；智從感，不求倦而不已。故世之所患，恒在於智困，不在性動也。以有涯隨無涯，殆已。郭象曰：以有限之性，尋無趣之

智安得而不困哉巳而爲智者殆而巳矣向秀曰巳困於智矣又爲智以攻之者又殆矣

莊子曰達生之情者不務生之所無以爲向秀曰生之所無以爲者性表之事也張湛曰生理自全爲分外所爲此是以有涯隨無涯也達命之情者不務智之所無奈何向秀曰命盡而死者是張湛曰秉生順之理窮所稟分豈智所知何也

列子曰少不勤行壯不競時長而安貧老而寡欲閑心勞形養生之方也列子曰一體之

盈虛消息皆通於天地應於萬類張湛曰人與陰陽通氣和之於始和之於終靜神滅想生之道也始終和則神志不散

混元妙真經曰人常失道非道失人人常去生非生去人故養生者慎勿失道爲道者慎已失生使道與生相守生與道相保黃老經玄示曰天道施化與萬物無窮人道施化形神消亡轉神施精精竭故衰形本生精精生於神不以生施故能與天合德不與神化故能與道同式玄示曰以形化者尸解之類神

與形離二者不俱遂象飛鳥入海爲蛤而隨
季秋陰陽之氣以氣化者生可冀也以形化
者甚可畏也嚴君平老子指歸曰遊心於虛
靜結志於微妙委慮於無欲歸計於無爲故
能達生延命與道爲久大有經曰或疑者云
始同起於無外終受氣於陰陽載形魄於天
地資生長於食息而有愚有智有強有弱有
壽有夭天耶人耶解者曰夫形生愚智天也
強弱壽夭人也天道自然人道自已始而胎
氣充實生而乳食有餘長而滋味不足壯而

聲色有節者强而壽始而胎氣虛耗生而乳食不足長而滋味有餘壯而聲色自放者弱而夭生長全足加之導養年未可量道機曰人生而命有長短者非自然也皆由将身不謹飲食過差淫泆無度忤逆陰陽魂神不守精竭命衰百病萌生故不終其壽河圖帝視萌曰侮天時者凶順天時者吉春夏樂山高處秋冬居卑深藏吉利多福壽考無窮雒書寶予命曰古人治病之方和以醴泉潤以元氣藥不辛不苦甘甜多味常能服之津流五

藏繫在心肺終身無患孔子家語曰食肉者勇敢而悍虎狼之類食氣者神明而壽仙人靈龜是也食穀者智慧而夭人也不食者不死而神直任喘息而無思慮

傳曰雜食者百病妖邪所鍾所食愈少心愈開年愈益所食愈多心愈塞年愈損焉太史公司馬談曰夫神者生之本形者生之具也神大用則竭形大勞則斃神形早衰欲與天地長久非所聞也故人所以生者神也神之所託者形也神形離別則死死者不可復生

離者不可復返故乃聖人重之夫養生之道有都領大歸未能具其會者但思每與俗反則闇踐勝轍獲過半之功矣有心之徒可不察歟小有經曰少思少念少欲少事少語少笑少愁少樂少喜少怒少好少惡行此十二少養生之都契也多思則神殆多念則志散多欲則損志多事則形疲多語則氣爭多笑則傷藏多愁則心懾多樂則意溢多喜則忘錯惛亂多怒則百脉不定多好則專迷不治多惡則憔煎無懽此十二多不除喪生之本

也無多者幾乎真人大計奢懶者壽慳勤者夭放散劬悋之異也田夫壽膏粱夭嗜欲少多之驗也處士少疾遊子多患事務繁簡之殊也故俗人競利道士罕營胡昭曰目不欲視不正之色耳不欲聽醜穢之言鼻不欲向羶腥之氣口不欲嘗毒刺之味心不欲謀欺詐之事此辱神損壽又居常而歎息晨夜而吟嘯干正來邪也夫常人不得無欲又復不得無事但當和心少念靜身損慮先去亂神犯性此則嗇神之一術也黃庭經曰玉池清

水灌靈根審能修之可長存名曰飲食自然自然者則是華池華池者口中唾也呼吸如法咽之則不飢也老君尹氏内解曰唾者湊爲醴泉聚爲玉漿流爲華池散爲精浮降爲甘露故口爲華池中有醴泉漱而咽之溉藏潤身流利百脉化養萬神支節毛髮宗之而

生也中經曰靜者壽躁者夭靜而不能養減壽躁而能養延年然靜易御躁難將盡順養之宜者則靜亦可養躁亦可養韓融元長曰酒者五穀之華味之至也亦能損人然美物

難將而易過養性所宜慎之邵仲湛曰五穀充肌體而不能益壽百藥療疾延年而不甘口甘口充肌者俗人所珍苦口延年者道士之所寶素問曰黄帝問岐伯曰余聞上古之人春秋皆百歲而動作不衰謂血氣猶盛也今時之人年始半百動作皆衰者時世異耶將人之失耶岐伯曰上古之人其知道者法則陰陽和於術數房中交接之法飲食有節起居有度不妄動作故能與神俱盡終其天命壽過百歲今時之人則不然以酒爲漿以

妄爲常醉以入房以慾竭其精以好散其真不知持滿不時御神務快其心遊於陰陽生治起居無節無度故半百而衰也老君曰人生大期百年爲限節護之者可至千歲如膏之用小炷與大耳衆人大言而我小語衆人多煩而我少記衆人悸暴而我不怒不以人事累意不修仕禄之業淡然無爲神氣自滿以爲不死之藥天下莫我知也無謂幽冥天知人情無謂闇昧神見人形心言小語鬼聞人聲犯禁滿千地收人形人爲陽善吉人報

養性延命録

之人爲陰善鬼神報之人爲陽惡賊人治之人爲陰惡鬼神治之故天不欺人依以影地不欺人依以響老君曰人修善積德而遇其凶禍者受先人之餘殃也犯禁爲惡而遇其福者蒙先人之餘殃也名醫叙病論曰世人不終耆壽咸多夭殁者皆由不自愛惜忿爭盡意邀名射利聚毒攻神内傷骨髓外貶筋肉血氣將無經脉便擁肉理空疎唯招蠱疾正氣日衰邪氣日盛矣不異舉滄波以注爝火頽華嶺而斷涓流語其易也甚於兹矣彭

祖曰道不在煩但能不思衣不思食不思聲不思色不思勝不思負不思失不思得不思榮不思辱心不勞形不極常導引納氣胎息爾可得千歲欲長生無限者當服上藥仲長統曰蕩六情五性有心而不以之思有口而不以之言有體而不以之安安之而能遷樂之而不愛以之圖之不知日之益也不知物之易也其彭祖老聃庶幾不然彼何爲與人者同類而與人者異壽陳紀元方曰百病横夭多由飲食飲食之患過於聲色聲色可絶

養性延命録

之踰年飲食不可廢之一日爲益亦多爲患亦切多則切傷少則增益張湛云凡脫貴勢者雖不中邪精神内傷身必死亡非妖禍外侵直由冰炭内煎則自崩傷中嘔血也始富後貧雖不中邪皮焦筋出委辟爲攣貧富之於人利害猶於權勢故痾疹損於形骸而巳動勝寒静勝熱能動能静所以長生精氣清静乃與道合莊子曰真人其寢不夢慎子云晝無事者夜不夢張道人年百數十甚翘壯也云養性之道莫久行久坐久卧久視久聽

莫强食飲莫大沈醉莫大愁憂莫大哀思此所謂能中和能中和者必久壽也仙經曰我命在我不在天但愚人不能知此道爲生命之要所以致百病風邪者皆由恣意極情不知自惜故虚損生也譬如枯朽之木遇風即折將崩之岸值水先頽今若不能服藥但知愛精節情亦得一二百年壽也張湛養生集叙曰養生大要一曰嗇神二曰愛氣三曰養形四曰導引五曰言語六曰飲食七曰房室八曰反俗九曰醫藥十曰禁忌過此已往義

可略焉青牛道士言人不欲使樂樂人不壽但當莫强健爲力所不任舉重引强掘地苦作倦而不息以致筋骨疲竭耳然於勞苦勝於逸樂也能從朝至暮常有所爲使之不息乃快但覺極當息息復爲之此與導引無異

也夫流水不腐戶樞不朽者以其勞動數故也飽食不用坐與臥欲得行步務作以散之不爾使人得積聚不消之疾及手足痹蹷面目黧皯必損年壽也皇甫隆問青牛道士青牛道士姓封字君達其養性法則可施用大

略云體欲常勞食欲常少勞無過極少無過虛去肥濃節鹹酸減思慮捐喜怒除馳逐慎房室武帝行之有効彭祖曰人之受氣雖不知方術但養之得理常壽一百二十歲不得此者皆傷之也小復曉道可得二百四十歲復微加藥物可得四百八十歲嵇康亦云導養得理上可壽千歲下可壽百年彭祖曰養壽之法但莫傷之而已夫冬溫夏涼不失四時之和所以適身也彭祖曰重衣厚褥體不勞苦以致風寒之疾厚味脯腊醉飽厭飫

以致聚結之病美色妖孋嬪妾盈房以致虚損之禍淫聲哀音怡心悦耳以致荒躭之惑馳騁遊觀弋獵原野以致發狂之失謀得戰勝兼弱取亂以致驕逸之敗蓋聖賢或失其理也然養生之具譬猶水火不可失適反爲害耳彭祖曰人不知道徑服藥損傷血氣不足肉理空踈髓腦不實内已先病故爲外物所犯風寒酒色以發之耳若本充實豈有病乎仙人曰罪莫大於淫禍莫大於貪咎莫大於讒此三者禍之車小則危身大則危家若

欲延年少病者誡勿施精命夭殘勿大温消骨髓勿大寒傷肌肉勿咳唾失肥液勿卒呼驚魂魄勿久泣神悲慼勿恚怒神不樂勿念内志恍惚能行此道可以長生

食誡篇第二

真人曰雖常服藥物而不知養性之術亦難以長生也養性之道不欲飽食便卧及終日久坐皆損壽也人欲小勞但莫至疲及强所不能堪勝耳人食畢當行步躊躇有所修爲爲快也故流水不腐户樞不朽蠹以其勞動

數故也故人不要夜食食畢但當行中庭如數里可佳飽食即卧生百病不消成積聚也食欲少而數不欲頓多難銷常如飽中飢飢中飽故養性者先飢乃食先渴而飲恐覺飢乃食食必多盛渴乃飲飲必過食畢當行行畢使人以粉摩腹數百過大益也青牛道士言食不欲過飽故道士先飢而食也飲不欲過多故道士先渴而飲也食畢行數百步中益也暮食畢行五里許乃卧令人除病凡食先欲得食熱食次食温暖食次冷食食熱暖

食訖如無冷食者即喫冷水一兩嚥甚妙若能恒記即是養性之要法也凡食欲得先微吸取氣嚥一兩嚥乃食主無病真人言熱食傷骨冷食傷藏熱物灼脣冷物痛齒食訖踟蹰長生飽食勿大語大飲則血脉閉大醉則神散春宜食辛夏宜食酸秋宜食苦冬宜食鹹此皆助五藏益血氣辟諸病食酸鹹甜苦即不得過分食春不食肝夏不食心秋不食肺冬不食腎四季不食脾如能不食此五藏尤順天理燕不可食入水爲蛟蛇所吞亦不

宜殺之飽食訖即卧成病背疼飲酒不欲多多即吐吐不住醉卧不可當風亦不可用扇皆損人白蜜勿合李子同食傷五内醉不可强食令人發癰疽生瘡醉飽交接小者令人面皯咳嗽不幸傷絶藏脉損命凡食欲得恒温暖宜入易銷勝於習冷凡食皆熟勝於生少勝於多飽食走馬成心癡飲水勿忽咽之成氣病及水癖人食酪勿食酢變爲血痰及尿血食熱食汗出勿洗面令人失顔色面如蟲行食熱食訖勿以醋漿漱口令人口臭及

血齒馬汗息及馬毛入食中亦能害人雞兔犬肉不可合食爛茆屋上水滴浸者脯名曰鬱脯食之損人久飢不得飽食飽食成癖病飽食夜卧失覆多霍亂死時病新差勿食生魚成痢不止食生魚勿食乳酪變成蟲食兔肉勿食乾薑成霍亂人食肉不用取上頭最肥者必衆人先目之食者變成結氣及疰癘食皆然空腹勿食生菓令人膈上熱骨蒸作癰癤銅器蓋食汗出落食中食之發瘡肉疽觸寒未解食熱食亦作刺風飲酒熱未解勿

以冷水洗面令人面發瘡飽食勿沐髮沐髮令人作頭風蕎麥和猪肉食不過三頓成熱風乾脯勿置秫米瓮中食之閉氣乾脯火燒不動出火始動擘之筋縷相交者食之患人或殺人羊胛中有肉如珠子者名羊懸筋食之患癲癇諸濕食不見形影者食之成疰腹脹暴疾後不周飲酒膈上變熱新病差不用食生棗羊肉生菜損顏色終身不復多致死膈上熱蒸凡食熱脂餅物不用飲冷醋漿水善失聲若咽生葱白合蜜食害人切忌乾脯

得水自動殺人曝肉作脯不肯燥勿食羊肝勿合椒食傷人心胡荽合羊肉食之發熱多酒食肉名曰癡脂憂狂無恒食良藥五穀充悦者名曰中士猶慮疾苦食氣保精存神名曰上士與天同年

雜誡忌禳害祈善篇第三

久視傷血久卧傷氣久立傷骨久行傷筋久坐傷肉凡遠思强健傷人憂恚悲哀傷人喜樂過差傷人忿怒不解傷人汲汲所願傷人戚戚所患傷人寒熱失節傷人陰陽不交傷

人凡交須依導引諸術若能避衆傷之事而復陰陽之術則是不死之道大樂氣飛颺大愁氣不通用精令人氣力乏多視令人目盲多睡令人心煩貪美食令人洩痢俗人但知貪於五味不知元氣可飲聖人知五味之生病故不貪知元氣可服故閉口不言精氣自應也唾不嚥則海不潤海不潤則津液乏是知服元氣飲醴泉乃延年之本也沐浴無常不吉夫婦同沐浴不吉新沐浴及醉飽遠行歸還大疲倦並不可行房室之事生病切慎

之丈夫勿頭北卧令人六神不安多愁忘勿跂井今古大忌若見十步地墻勿順墻坐卧被風吹發癲癇疾勿怒目久視日月失目明凡大汗忽脱衣不慎多患偏風半身不遂新沐浴了不得露頭當風不幸得大風刺風疾觸寒來勿臨面火上成癇起風眩凡汗勿跂牀懸脚久成血痺足重腰疼凡脚汗勿入水作骨痺亦作遁疰久忍小便膝冷兼成冷痺凡食熱物汗出勿盪風發疰頭痛令人目澁饒睡凡欲眠勿歌詠不祥起眠訖勿大語損

人氣凡飛鳥投人不可食馬若開口及毛下有瘡並不可食之凡熱泔洗頭冷水濯成頭風凡人卧頭邊勿安火鑪令人頭重目赤鼻乾凡卧訖頭邊勿安燈令人六神不安冬日温足凍腦春秋腦足俱凍比乃聖人之常法也凡新哭泣訖便食即成氣病夜卧勿覆頭婦人勿跂竈坐大忌凡若唾不用遠遠即成肺病令人手重背疼咳嗽凡人魘勿點燈照定魘死暗唤之即吉亦不可近前及急唤凡人卧勿開口久成消渴并失血色凡旦起勿

以冷水開目洗面令人目澁失明饒淚凡行途中觸熱逢河勿洗面生烏皯人睡訖忽覺勿飲水更卧成水痺凡時病新汗解勿飲冷水損人心腹不平復凡空腹不可見聞臭屍氣入鼻令人成病凡欲見死屍皆須先飲酒及咬蒜辟毒氣凡小兒不用令指月兩耳後生瘡是斷名月蝕瘡搗蝦蟆末傅即差并别餘瘡並不生凡産婦不可見狐臭人能令産婦著腫凡人卧不用於窻欞下令人六神不安凡卧春夏欲得頭向東秋冬頭向西有所

利益凡丈夫飢欲得坐小便飽則立小便令人無病凡人睡欲得屈膝側卧益人氣力凡卧欲得數轉側微語笑欲令至少語莫令聲高大春欲得瞑卧早起夏秋欲得侵夜卧早起冬欲得早卧晏起皆有所益雖云早起莫在雞鳴前晏起莫在日出後冬日天地閉陽氣藏人不欲勞作汗出發洩陽氣損人新沐浴訖勿當風濕語勿以濕頭卧使人患頭風眩悶髮頽面腫齒痛耳聾濕衣及汗衣皆不可久著令發瘡及患風瘙痒老君曰正月旦

中庭向寅地再拜呪曰

其甲年年受大道之恩太清玄門願還其甲去歲之年男女皆三通自呪常行此道延年玄女有清神之法淮南崇祠竈之規咸欲體合真靈護衛真生者仙經祕要常存念心中

有氣大如雞子內赤外黃辟衆邪延年也欲卻衆邪百鬼常存念爲炎火如斗煌煌光明則百邪不敢干人可入瘟疫之中暮卧常存作赤氣在外白氣在內以覆身辟衆邪鬼魅

老君曰凡人求道勿犯五逆六不祥有犯者

凶大小便向西一逆向北二逆向日三逆向月四逆仰視天及星辰五逆夜起倮形一不祥旦起嗔恚二不祥向竈罵詈三不祥以足内火四不祥夫妻晝合五不祥盜恚師父六不祥凡人旦起恒言善事天與之福勿言奈何歌嘯名曰請禍慎勿上牀卧歌凶始卧伏牀凶飲食伏牀凶以匙筯擊盤上凶司陰之神在人口左人有陰禍司陰白之於天天則考人魂魄司殺之神在人口右人有惡言司殺白之於司命司命記之罪滿即殺二神監

口唯向人求非安可不慎言舌者身之兵善惡由之而生故道家所忌食玉泉者令人延年除百病玉泉者口中唾也雞鳴平旦日中日晡黄昏夜半時一日一夕凡七漱玉泉食之每食輙滿口嚥之延年髮血之窮齒骨之窮爪筋之窮千過梳髮髮不白朝夕啄齒齒不齲爪不數截筋不替人常數欲照鏡謂之存形形與神相存此其意也若矜容顏色自愛翫不如勿照凡人常以正月一日二月二日三月三日四月八日五月一日六月二十

七日七月十一日八月八日九月二十一日十月十四日十一月十一日十二月三十日但常以此日取枸杞菜煮作湯沐浴令人光澤不病不老月蝕宜救活人除殃活萬人與天同功天不好殺聖人則之不好殺者是助

天地長養故招勝福善夢可說惡夢默之則養性延年也

養性延命錄卷上

卷上第十九

養性延命録卷下 臨三

華陽陶隱居集

服氣療病篇第四

元陽經曰常以鼻納氣含而漱滿舌料脣齒咽之一日一夜得千咽甚佳當少飲食飲食多則氣逆百脉閉百脉閉則氣不行氣不行則生病玄示曰志者氣之䘮也氣者體之充也善者遂其生惡者喪其形故行氣之法少食自節動其形和其氣血因輕而止之勿過失突復而還之其狀若咽正體端形心意專

一固守中外上下俱閉神周形骸調暢四溢修守關元滿而足實因之而衆邪自出彭祖曰常閉氣納息從平旦至日中乃跪坐拭目摩搦身體舐脣咽唾服氣數十乃起行言笑其偶有疲倦不安便導引閉氣以攻所患必存其身頭面九竅五藏四肢至于髮端皆令所在覺其氣雲行體中起於鼻口下達十指末則澄和真神不須針藥灸刺凡行氣欲除百病隨所在作念之頭痛念頭足痛念足和氣往攻之從時至時便自消矣時氣中冷可

閉氣以取汗汗出輒周身則解矣行氣閉氣雖是治身之要然當先達解其理又宜空虚不可飽滿若氣有結滞不得空流或致發瘡譬如泉源不可壅遏若食生魚生菜肥肉及喜怒憂恚不除而以行氣令人發上氣凡欲學行氣皆當以漸劉君安曰食生吐死可以長存謂鼻納氣爲生口吐氣爲死也凡人不能服氣從朝至暮常習不息徐而舒之常令鼻納口吐所謂吐故納新也服氣經曰道者氣也保氣則得道得道則長存神者精也保

精則神明神明則長生精者血脉之川流守骨之靈神也精去則骨枯骨枯則死矣是以爲道務寶其精從夜半至日中爲生氣從日中後至夜半爲死氣常以生氣時正偃卧瞑目握固（握固者如嬰兒之拳手以四指押母指也）閉氣不息於心中數至二百乃口吐氣出之日增息如此身神具五藏安能閉氣至二百五十華蓋明（華蓋眉也）耳目聰明舉身無病邪不干人也凡行氣以鼻納氣以口吐氣微而引之名曰長息納氣有一吐氣有六

納氣一者謂吸也吐氣有六者謂吹呼唏呵嘘呬皆出氣也凡人之息一呼一吸元有此數欲爲長息吐氣之法時寒可吹時温可呼委曲治病吹以去風呼以去熱唏以去煩呵以下氣嘘以散滯呬以解極凡人極者則多嘘呬道家行氣率不欲嘘呬嘘呬者長息之心也此男女俱存法法出於仙經行氣者先除鼻中毛所謂通神之路若天露惡風猛寒大熱時勿取氣明醫論云疾之所起自生五勞五勞既用二藏先損心腎受邪府藏俱病

五勞者一曰志勞二曰思勞三曰心勞四曰憂勞五曰疲勞五勞則生六極一曰氣極二曰血極三曰筋極四曰骨極五曰精極六曰髓極六極即爲七傷七傷故變爲七痛七痛爲病令人邪氣多正氣少忽忽喜忘悲傷不樂飲食不生肌膚顔色無澤髮白枯槁甚者令人得大風偏枯筋縮四肢拘急攣縮百關隔塞羸瘦短氣腰脚疼痛此由早娶用精過差血氣不足極勞之所致也凡病之來不離於五藏事須識根不識者勿爲之耳心藏病

者體有冷熱呼吹二氣出之肺藏病者胷背脹滿噓氣出之脾藏病者體上遊風習習身癢疼悶唏氣出之肝藏病者眼疼愁憂不樂呵氣出之已上十二種調氣法依常以鼻引氣口中吐氣當令氣聲逐字吹呼噓呵唏呬吐之若患者依此法皆須恭敬用心爲之無有不差愈病長生要術

導引按摩篇第五

導引經云清旦未起先啄齒二七閉目握固漱滿唾三咽氣尋閉不息自極極乃徐徐出

氣滿三止便起狼踞鵄顧左右自摇亦不息自極復三便起下牀握固不息頓踵三還上一手下一手亦不息自極三又乂手項上左右自了捩不息復三又伸兩足及乂手前却自極復三皆當朝暮爲之能數尤善平旦以兩手掌相摩令熱熨眼三過次又以指搔目四眥令人目明按經文拘魂門制魄户名曰握固與魂魄安門户也此固精明目留年還白之法若能終日握之邪氣百毒不得入握固法屈大拇指於四小指下把之積習不止

眼中亦不復開一說云令人不遭魔魅內解云一曰精二曰唾三曰淚四曰涕五曰汗六曰溺皆所以損人也但爲損者有輕重耳人能終日不涕唾隨有漱滿咽之若恒含棗核咽之令人愛氣生津液此大要也謂取津液

非咽核也常每旦啄齒三十六通能至三百彌佳令人齒堅不痛次則以舌攪漱口中津液滿口咽之三過止次摩指少陽令熱以熨目滿二七止令人目明每旦初起以兩手叉兩耳極上下熱挼之二七止令人耳不聾次

又啄齒漱玉泉三咽縮鼻閉氣右手從頭上引左耳二七復以左手從頭上引右耳二七止令人延年不聾次又引兩鬢髮舉之一七則總取髮兩手向上極勢擡上一七令人血氣通頭不白又法摩手令熱以摩面從上至下去邪氣令人面上有光彩又法摩手令熱雷摩身體從上至下名曰乾浴令人勝風寒時氣熱頭痛百病皆除夜欲卧時常以兩手揩摩身體名曰乾浴辟風邪峻坐以左手托頭仰右手向頭上盡勢托以身并手振動三

右手托頭振動亦三除人睡悶平旦日未出前面向南峻坐兩手托䏶盡勢振動三令人面有光澤平旦起未梳洗前峻坐以左手握右手於左䏶上前却盡勢挼左䏶三又以右手握左手於右䏶上前却挼右䏶亦三次又叉兩手向前盡勢推三次叉兩手向胷前以兩肘向前盡勢三次直引左臂拳曲右臂如挽一斛五斗弓勢盡力為之右手挽弓勢亦然次以右手托地左手仰托天盡勢右亦如然次拳兩手向前築各三七次拳左手盡勢

向背上握指三右手亦如之療背髆臂肘勞
氣數為之彌佳平旦便轉訖以一長柱杖策
腋垂左脚於牀前徐峻盡勢掣左脚五七右
亦如之療脚氣疼悶腰腎間冷氣冷痺及膝
冷脚冷並主之日夕三掣彌佳勿大飽及忍
小便掣如無杖但遣所掣脚不著地手扶一
物亦得最夕以梳梳頭滿一千梳大去頭風
令人髮不白梳訖以鹽花及生麻油搓頭頂
上彌佳如有神明膏搓之甚佳旦欲梳洗時
叩齒一百六十隨有津液便咽之訖以水漱

口又更以鹽末揩齒即含取微酢清漿水半小合許熟漱取鹽湯吐洗兩目訖閉目以冷水洗面必不得遣冷水入眼中此法齒得堅淨目明無淚永無䘌齒平旦洗面時漱口訖咽一兩咽冷水令人心明淨去胷臆中熱譙國華陀善養生弟子廣陵吳普彭城樊阿受術於陀陀語普曰人體欲得勞動但不當使極耳人身常搖動則穀氣消血脉流通病不生譬猶户樞不朽是也古之仙者及漢時有道士君倩爲道引之術作熊經鴟顧引挽腰體

動諸關節以求難老也吾有一術名曰五禽戲一曰虎二曰鹿三曰熊四曰猨五曰鳥亦以除疾兼利手足以常導引體中不快因起作一禽之戲遣微汗出即止以粉塗身即身體輕便腹中思食吴普行之年九十餘歲耳目聰明牙齒堅完喫食如少壯也虎戲者四肢距地前三躑却二躑長引腰側脚仰天即返距行前却各七過也鹿戲者四肢距地引項反顧左三右二伸左右脚伸縮亦三亦二也熊戲者正仰以兩手抱膝下舉頭左擗地

七右亦七蹲地以手左右托地猨戲者攀物自懸伸縮身體上下一七以脚拘物自懸左右七手鈎却立按頭各七鳥戲者雙立手翹一足伸兩臂揚眉用力各二七坐伸脚手挽足趾各七縮伸二臂各七也夫五禽戲法任力爲之以汗出爲度有汗以粉塗身消穀氣益氣力除百病能存行之者必得延年又有法安坐未食前自按摩以兩手相叉伸臂股導引諸脉勝如湯藥正坐仰天呼出飲食醉飽之氣立銷夏天爲之令人涼不熱

御女損益篇第六

道以精爲寶施之則生人留之則生身生身則求度在仙位生人則功遂而身退功遂而身退則陷欲以爲劇何况妄施而廢棄損不覺多故疲勞而命墮天地有陰陽陰陽人所

臨三　七

貴貴之合於道但當慎無費彭祖曰上士别牀中士異被服藥千裹不如獨卧色使目盲聲使耳聾味使口爽苟能節宣其道適抑揚其通塞者可以增壽一日之忌暮食無飽夜飽食眠損一日之壽一月之忌暮飲無醉夜

醉卧損一月之壽一歲之忌暮須遠内一交損一歲之壽養之不復終身之忌暮須護氣暮卧習閉口開口失氣又邪從口入采女問彭祖曰人年六十當閉精守一爲可爾否彭祖曰不然男不欲無女無女則意動意動則神勞神勞則損壽若念真正無可思而大佳然而萬無一焉有强鬱閉之難持易失使人漏精尿濁以致鬼交之病又欲令氣未感動陽道垂弱欲以御女者先摇動令其强起但徐徐接之令得陰氣陰氣推之須臾自强强

而用之務令遟疎精動而正閉精緩息瞑目偃卧導引身體更復可御他女欲一動則輙易人易人可長生若御一女陰氣既微爲益亦少又陽道法火陰道法水水能制火陰亦消陽久用不止陰氣噏陽陽則轉損所得不補所失但能御十二女子而復不洩者令人老有美色若御九十三女而不洩者年萬歲凡精少則病精盡則死不可不忍不可不慎數交而時一洩精氣隨長不能使人虛損若數交接則瀉精精不得長益則行精盡矣在

家所以數數交接者一動不瀉則贏得一瀉之精減即不能數交接但一月輙再瀉精精氣亦自然生長但遲微不能速起不如數交接不瀉之速也采女者少得道知養性年一百七十歲視如十五殷王奉事之年問道於彭祖也彭祖曰女姿淫所以使人不壽者非是鬼神所爲也直由用意俗猥精動欲泄務副彼心竭力無厭不以相生反以相害或驚狂消渴或癲癡惡瘡爲失精之故但施瀉輙導引以補其處不爾血脉髓腦日損風濕犯之

眭三 八

則生疾病由俗人不知補瀉之宜故也彭祖曰凡男不可無女女不可無男若孤獨而思交接者損人壽生百病鬼魅因之共交失精而一當百若欲求子令子長命賢明富貴取月宿日施精大佳月宿日直録之於後天老曰人生俱含五常形法復同而有尊卑貴賤者皆由父母合八星陰陽陰陽不得其時中也不合宿或得其時人中上也不合宿不得其時則爲凡夫矣合宿交會者非生子富貴亦利已身大吉之兆八星者室參井鬼柳張

心斗月宿在此星可以合陰陽求子月二日三日五日九日二十日此是王相生氣日交會各五倍血氣不傷令人無病仍以王相日半夜後雞鳴前徐徐弄玉泉飲玉漿戲之若合用春甲寅乙卯夏丙午丁未秋庚申辛酉

冬壬子癸亥與上件月宿日合者尤益佳若欲求子待女人月經絶後一日三日五日擇中王相日以氣生時夜半之後乃施精有子皆男必有壽賢明其王相日謂春甲乙夏丙丁秋庚辛冬壬癸凡養生要在於愛精若能

一月再施精一歲二十四氣施精皆得壽百二十歲若加藥餌則可長生所患人年少時不知道知道亦不能信行至老乃始知道便以晚矣病難養也雖晚而能自保猶得延年益壽若少壯而能行道者仙可冀矣仙經曰男女俱仙之道深内勿動精思臍中赤色大如雞子乃徐徐出入精動便退一旦一夕可數十爲之令人益壽男女各息意共存之唯須猛念道人劉京云春三日一施精夏及秋一月再施精冬常閉精勿施夫天道冬藏其

陽人能法之，故得長生。冬一施，當春百。蒯道人言：人年六十，便當都絶房内。若能接而不施精者，可御女耳。若自度不辦者，都遠之爲上。服藥百種，不如此事，可得久年也。《道林》云：命本者，生命之根本，決在此道。雖服大藥及呼噏導引，備修萬道，而不知命之根本。根本者，如樹木，但有繁枝茂葉而無根本，不得久活也。命本者，房中之事也。故聖人云：欲得長生，當由所生。房中之事，能生人，能煞人。譬如水火，知用之者，可以養生；不能用之者，立可死矣交接尤禁醉飽大忌損人百倍欲小便忍之以交接令人得淋病或小便難莖中痛小腹強大恚怒後交接令人發癰疽道機房中禁忌日月晦朔上下弦望日月蝕大風惡雨地動雷電霹靂大寒暑春夏秋冬節變之日送迎五日之中不行陰陽本命行年月日臨三十忌禁之尤重陰陽交錯不可合損血氣瀉正納邪所傷正氣甚矣戒之新沐頭新行疲倦大喜怒皆不可行房室彭祖曰消息之情不可不知也又須當避大寒大熱大風大雨大

養性延命錄

雪日月蝕地動雷震此是天忌也醉飽喜怒憂愁悲哀恐懼此人忌也山川神祇社稷井竈之處此爲地忌也既避此三忌又有吉日春甲乙夏丙丁秋庚辛冬壬癸四季之月戊已皆王相之日也宜用嘉會令人長生有子必壽其犯此忌既致疾生子亦凶夭短命老子曰還精補腦可得不老矣子都經曰施瀉之法須當弱入强出何謂弱入强出納玉莖於琴弦麥齒之間及洪大便出之弱納之是謂弱入强出消息之令滿八十動則陽數備

即爲妙也老子曰弱入强出知生之術强入弱出良命乃卒此之謂也

養性延命録卷下

臨三

金陵全書
丁編·文獻類

古今刀劍録

（南朝梁）陶弘景　纂

南京出版傳媒集團
南京出版社

古今刀劍録

梁　陶弘景纂　明錢敬臣閲

夫刀劍之由出已久矣前王後帝莫不鑄之但以小事記注者不甚詳録遂使精奇挺異空成堙沒慨然有想遂爲記云

夏禹子帝啓在位十年以庚戌八年鑄一銅劒長三尺九寸後藏之秦望山腹上刻二十八宿文有背面面文爲星辰背記山川日月

啓子太康在位二十九年歳在辛卯三月春鑄一銅

劍上有八方面長三尺二寸頭方

孔甲在位三十一年以九年歲次甲辰採牛首山鐵鑄一劍銘曰夾古文篆書長四尺一寸

殷太甲在位三十二年以四年歲次甲子鑄一劍長二尺文曰定光古文篆書

武丁在位五十九年以元年歲次戊午鑄一劒長二尺銘曰照膽古文篆書

周昭王瑕在位五十一年以二年歲次壬午鑄五劍各投五嶽銘曰鎮嶽尚方古文篆書長五尺

簡王夷在位十四年以元年歲次癸酉鑄一劍長三尺銘曰駿大篆書

秦昭王稷在位五十二年以元年歲次丙午鑄一劒長三尺銘曰誠大篆書

秦始皇在位三十七年以三年歲次丁巳採北祇銅鑄二劍銘曰定秦小篆書李斯刻埋在阿房宮閣下一在觀臺下長三尺六寸

前漢劉季在位十二年以始皇三十四年於南山得一鐵劒長三尺銘曰赤霄大篆書及貴常服之此即

斬蛇劍也

文帝恒在位二十三年以初元十六年歲次庚午鑄三劍長三尺六寸銘曰神龜多刻龜刑以應大横之兆帝崩命入玄武宫

武帝徹在位五十四年以元光五年歲次乙巳鑄八劍長三尺六寸銘曰八服小篆書嵩恒霍華太山五嶽皆埋之

宣帝詢在位二十五年以本始四年鑄二劍長三尺一曰毛二曰貴以足下有毛故爲之皆小篆書

平帝衎在位五年以元始元年歲次辛酉掘得一劍上有帝名因服之大篆書

王莽在僞位十七年以建國五年歲次庚午造威斗及神劍皆鍊五色石爲之銘曰神勝萬里伏小篆書長三尺六寸

更始劉聖公在僞位二年自造一劍銘曰更國小篆書

後漢光武秀在位三十三年未貴時在南陽鄂山得一劍文曰秀霸小篆書帝常服之

明帝莊在位十八年以永平元年歲次戊午鑄一劒上作龍形沉之於洛水中水清時常有見之者

章帝炟在位十三年以建初八年鑄一金劍○令投於伊水中○以厭人膝之怪○弘景按水經云伊水有一物如人膝頭有爪人俗輒没不復出

安帝祜在位十九年以元初六年鑄一劒藏峨眉山疑山王也

順帝保在位十九年以永建元年鑄一劒長三尺四寸銘曰安漢小篆書後改年號

靈帝宏在位二十二年以建寧三年鑄四劒文曰中興一劒無故自失並小篆書

魏武帝曹操以建安二十年於幽谷得一劒長三尺六寸上有金字銘曰孟德王常服之

齊王芳以正始六年鑄一劍常服之無故自失但有空匣如故後有禪代之事兆始於此尋爲司馬氏所廢

蜀主劉備以章武元年歲次辛丑採金牛山鐵鑄八劍各長三尺六寸一備自服一與太子禪一與梁王

理一與魯王永一與諸葛亮一與關羽一與張飛一與趙雲並是亮書皆作風角處所有令稱元造刀五萬口皆連環及刃口列七十二鍊柄中通之兼有二字房子容曰唐人尚書郎李章武本名方古貞元季年爲東平帥李師古判官因理第掘得一劒上有章武字方古博物亞張茂先亦曰蜀相諸葛孔明所佩劒也乃改名師古爲奏請爲章武焉益蜀主八劒之一也

後主禪延熙二年造一大劒長一丈二尺鎮劒口山

往往人見光輝後人求之不獲
吳王孫權以黄武五年採武昌銅鐵作千古劒萬口刀各長三尺九寸刀頭方皆是南銅越炭作之文曰大吳小篆書又赤烏年中有人得淮陰侯韓信劒帝以賜周瑜
孫亮以建興二年鑄一劒文曰流光小篆書
孫皓以建衡元年鑄一劒文曰皇帝吳王小篆書
晉武帝司馬炎以咸寧元年造八千口刀銘曰司馬
懷帝熾以永嘉元年造一劒長五尺銘曰步光小篆

書
成帝衍以咸和元年造十三口刀銘曰興國
穆帝聃以永和五年於房山造五口劍銘曰五方單
符隸書
孝武帝昌明以大元元年於華山頂埋一劍銘曰神
劍隸書
宋武帝劉裕以永初元年鑄一刀銘其背曰定國小
篆書長四尺後入於梁
少帝義符以景平元年造一刀銘曰五色小篆書

後廢帝昱以元徽二年於蔣山頂造一劒銘曰永昌篆書

順帝準以昇明元年掘得一刀銘曰上血其刀照一室帝奇之至二年七月帝使楊玉候織女玉候女不得懼死用以弑帝果如銘故知吉凶其徵先見矣

齊高帝蕭道成以建元二年造一刀銘曰定業長五尺篆書自制之

明帝鸞以建武二年造一刀銘曰朝儀長四尺小篆書

梁武帝蕭衍以天監二年即位至普通中歲在庚子命弘景造神劍十三口。用金銀銅錫鐵五色合爲之。長短各依劍術法。文曰服之者永治四方。並小篆書

諸小國刀劍總在此

前趙劉淵以元熙二年造一刀長三尺九寸文曰滅賊隷書

後趙石勒以建平二年造一刀用五百金工用萬人頭尖長三尺六寸銘曰建平隷書勒未貴時耕地得一刀銘曰石氏昌篆書

石季龍以建武十四年造一刀長五尺銘曰皇帝石氏隷書

後蜀李雄以晏平元年造刀五百口文曰騰馬隷書

前凉張寔造刀百口無故刀盡失文曰霸

後魏昭成帝拓跋犍以建國元年於赤冶城鑄刺刀十口金鏤赤冶字

道武帝珪以登國元年於嵩阿鑄一劒銘曰鎮山隷書

明元帝嗣以泰常元年造一劒長四尺銘背曰太常

至眞君元年有道士繼天師自爲帝造劍長三尺六
寸隸書因改元眞君

宣武帝恪以景明元年於白鹿山造一刀文曰白鹿
隸書

前秦符堅以甘露四年造一刀用五千工銘曰神術
隸書

前燕慕容儁以元璽元年造二十八口刀銘曰二十
八將隸書

後燕慕容垂以建興元年造二刀長七尺一雄一雌

隷書若別處之則鳴

後秦姚萇以建初元年造一刀銘曰中山長三尺七寸隷書

西秦乞伏國仁以建義三年造一刀銘曰建義隷書

後涼呂光以麟嘉元年造一刀銘背曰麟嘉長三尺六寸

南凉禿髪烏孤以太初三年造一刀狹小長二尺五寸青色匠人曰當作之時夢見一人被朱服云吾是太一神來看汝作云此刀有獻必鳴後落突厥可汗

所有也

南燕慕容玄明以建平元年作刀四口文曰建平隸書

西京李暠以永建元年造珠碧刀一口銘曰百勝隸書

北凉沮渠蒙遜以永安三年造刀百口銘曰水安隸書

夏州赫連勃勃以龍昇二年造五口刀背刃有龍雀環兼金縷作一龍形長三尺九寸銘曰古之利器吳

楚湛盧大夏龍雀名冠神都可以懷遠可以柔邇如
風靡草威服九區宋王劉裕破長安得此刀後入於
梁

吳將刀

周瑜作南郡太守造一刀背上有盪寇將軍字八分
書

蔣欽拜列郡司馬造一刀文曰司馬隸書

周紡平擊曹公勝拜平虜將軍因造一刀銘背曰紡
平

董元成少果勇自打鐵作一刀後討黃祖於蒙衝河
元成引刀斷衝頭爲二流拜大司馬號斷蒙刀
潘文拜偏將軍爲擒關羽拜固陵太守因造一刀銘
曰固陵
朱理君少受征討黃武中累功拜安國將軍作一佩
刀文曰安國
關羽爲先主所重不惜身命自採都山鐵爲二刀銘
曰萬人及羽敗羽惜刀投之水中
張飛初拜新亭侯自命匠鍊赤朱山鐵爲一刀銘曰

新亭侯蜀大將也後被范彊殺彊將此刀入於吴

諸葛亮定黔中從青石祠過遂抽刀刺山投刀不拔

而去行人莫測

黄忠漢先主定南郡得一刀赤如血於漢中擊夏侯

軍一日之中手刃百數

魏將刀

鍾會克蜀於成都土中得一刀文曰太一會死人帳

下王伯昇伯昇後渡江刀遂飛入水

鄧艾年十二曾讀陳太丘碑碑下掘得一刀黑如漆

刀劍錄

長三尺餘刀上常有氣凄凄然時人以爲神物

董卓少時耕野得一刀無文字四面隱起作山雲文

斵玉如泥及卓貴示五官郎將蔡邕邕曰此項羽之

刀也

袁紹在黎陽夢有一神受一寶刀及覺果在卧所銘

曰思召紹解之曰思召紹字也

郭維於太原得一刀文曰宜爲將後遂爲將軍及與

蜀將戰敗失此刀

王雙曾於市中買得一刀賣人曰得之者貴因不見

雙後佩之爲魏將後與曹真一刀换也

古今刀劒錄終

刀劍錄

金陵全書
丁編·文獻類

鬼谷子注

（南朝梁）陶弘景 注

南京出版傳媒集團
南京出版社

鬼谷子
陶弘景注
三秦

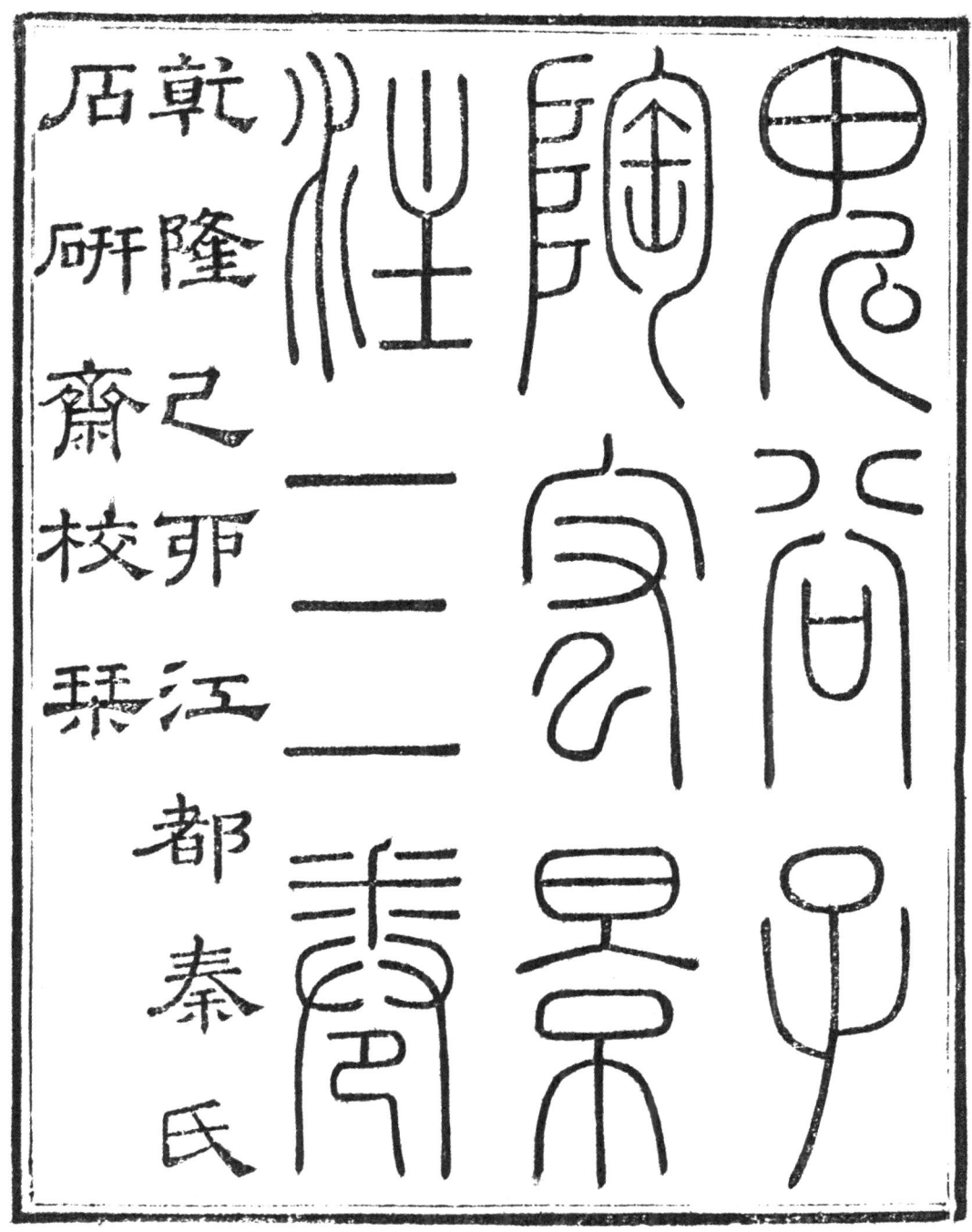

乾隆己卯江都秦氏
石研齋校栞

鬼谷子敍

鬼谷子陶宏景注三卷同年孫淵如編修讀道藏於華陰嶽廟時所錄本也乾隆丁未恩復與淵如校書于文源閣暇日出以相示計欲付梓旋以乞假歸里不果戊申冬來京師因取而校之按鬼谷子不知何人道藏目錄云姓王名詡晉平公時人史記云蘇秦師事鬼谷先生拾遺記則以鬼谷爲歸谷葢歸鬼聲轉爾雅曰鬼之爲言歸也其謂蘇秦託名鬼谷者以史記蘇秦列傳有簡練以爲揣摩期年揣摩成之語而鬼谷子適有揣摩二篇遂附會其說實無所據或云周時豪士隱于鬼谷者近是書凡三卷自捭闔至符言凡十二篇轉丸胠

篋二篇舊亡又有本經陰符七篇及持樞中經共二十一篇考說苑史記注文選注太平御覽意林諸書所引頗有數條爲今書所不載或文與今本差異則知書之脫佚不僅轉丸胠篋二篇也是書不見漢志至隋唐始著錄隋書作三卷舊唐書新唐書皆作二卷又作三卷直題曰蘇秦撰史記索隱引樂壹注云蘇秦欲神祕其道故假名鬼谷然漢書從横家有蘇子三十二篇使假名鬼谷何以班固畧而不注也柳子厚嘗譏其險盭峭薄妄言亂世今觀其書詞峭義奥反覆變幻蘇秦得其緒餘卽掉舌爲從約長眞從横家之祖也至注鬼谷者舊有樂壹皇甫謐陶宏景尹知章四家陶注至中興書

目始見樂注文選注中一引之太平御覽遊說部所引注皆與陶注不同意亦樂氏注也今藏本不著注者名氏淵如據注中有元亮曰云云元亮爲陶潛字宏景引其言故去姓稱字斷爲陶注恩復按中興書目晁公武讀書志陳振孫書錄解題錢遵王讀書敏求記皆稱陶宏景注則知陶注自宋迄今猶存又有嘉祐二年刻本中引陶注者三皆與今注合益信爲陶注無疑鬼谷子世多有其書而陶注不傳向非道藏所存則亦終湮失矣恩復因刺取唐宋書注所引校正文字一二舊注亦掇而存之附於本文之下其或他書所引本文今本不載及稱鬼谷事迹足相攷證者并附錄于後以備觀覽

焉乾隆五十四年四月朔翰林院庶吉士江都秦恩復

撰

鬼谷子敘

翰林院編修充 內廷國史館纂修 武英殿纂修 文源閣詳校官秦恩復撰

鬼谷子陶宏景注三卷陽湖孫淵如同年讀道藏於華陰嶽廟時所錄本也乾隆丁未恩復與淵如校書于文源閣暇日出以相示計欲付梓旋以乞假歸里不果戊申冬來京師因取而校之按鬼谷子不知何人道藏目錄云姓王名詡晉平公時人史記云蘇秦師事鬼谷先生拾遺記則以鬼谷爲歸谷葢歸鬼聲轉爾雅曰鬼之爲言歸也其謂蘇秦託名鬼谷者以史記蘇秦列傳有簡練以爲揣摩期年揣摩成之語而鬼谷子適有揣摩二篇遂附會其說實無所據或云周時豪士隱于鬼

谷者近是書凡三卷自捭闔至符言凡十二篇轉丸胠篋二篇舊亡又有本經陰符七篇及持樞中經共二十一篇考說苑史記注文選注太平御覽意林諸書所引頗有數條爲今書所不載或文與今本差異則知書之脫佚不僅轉丸胠篋二篇也是書不見漢志至隨唐始著錄隨書作三卷舊唐書新唐書皆作二卷又作三卷直題曰蘇秦撰史記索隱引樂壹注云蘇秦欲神祕其道故假名鬼谷然漢書從横家有蘇子三十二篇使假名鬼谷何以班固署而不注也柳子厚嘗譏其險盭峭薄妄言亂世今觀其書詞峭義奧反覆變幻蘇秦得其緒餘即掉舌爲從約長眞從横家之祖也至注鬼谷者

舊有樂壹皇甫謐陶宏景尹知章四家陶注至中興書目始見樂注文選注中一引之太平御覽遊說部所引注皆與陶注不同意亦樂氏注也今藏本不著注者名氏淵如據注中有元亮曰云云元亮爲陶潛字宏景引其言故去姓稱字斷爲陶注恩復按中興書目晁公武讀書志陳振孫書錄解題錢遵王讀書敏求記皆稱陶宏景注則知陶注自宋迄今猶存鬼谷子世多有其書而陶注不傳向非道藏所存則亦終湮失矣恩復因剌取唐宋書注所引校正文字一二舊注亦掇而存之附於本文之下其或他書所引本文今本不載及稱鬼谷事迹足相攷證者并附錄于後以備觀覽焉乾隆五十

四年八月朔日書

鬼谷子篇目考

隋書經籍志縱橫家鬼谷子三卷皇甫謐注鬼谷子周世隱於鬼谷鬼谷子三卷樂一注

舊唐書經籍志鬼谷子二卷蘇秦撰又三卷樂壹注又三卷尹知章注

新唐書藝文志鬼谷子二卷蘇秦樂壹注鬼谷子三卷尹知章注鬼谷子三卷尹知章不著錄

柳宗元鬼谷子辯曰元冀好讀古書然甚賢鬼谷子爲其指要幾千言鬼谷子要爲無取漢時劉向班固錄書無鬼谷子鬼谷子後出而險盭峭薄盭音戾恐其妄言亂世難信學者宜其不道而世之言縱横者時葆其書尤

者晚乃益出七術鬼谷子下篇有陰符七術謂盛神法五龍養志法靈龜實意法騰蛇分威法伏熊散勢法鷙鳥轉圓法猛獸損兌法靈蓍七章是也怪謬異甚不可考校其言益奇而道益陿張云陿音洽隘也使人狙狂失守狙子余反而易於陷墜幸矣人之葆之者少今元子又文之以指要嗚呼其爲好術也過矣

中興書目鬼谷子三卷周時高士無鄉里族姓名字以其所隱自號鬼谷先生蘇秦張儀事之授以捭闔下至符言等十有二篇及轉圓本經持樞中經等篇亦以告儀秦者也一本始末皆東晉陶宏景注一本捭闔反應內揵抵巇四篇不詳何人訓釋中下二卷與宏景所注同

宋史藝文志鬼谷子三卷

晁公武讀書志鬼谷子三卷鬼谷先生撰按史記戰國時隱居潁川陽城之鬼谷因以自號長于養性治身蘇秦張儀師之受縱横之事敘主伯厚漢書藝文志攷證引晁氏讀書志云尹知章敘謂此書卽授秦儀者捭闔之術十三章攷證引注云一云十二章本經持樞中經三篇攷證引注云一云受轉丸胠篋三章梁陶宏景注按馬氏通考經籍志引讀書志此下有隋志以爲蘇秦書唐志以爲尹知章注未知孰是陸龜蒙詩謂鬼谷先生名詡不詳所從出三十五字柳子厚嘗曰劉向班固錄書無鬼谷子鬼谷子後出而嶮盭峭薄恐其妄言亂世難信尤者晩乃益出七術怪謬異甚言益隘使人狙狂失守來鵠亦曰鬼谷子昔教人詭紿激訐揣測憸猾之術悉備于章學

之者惟儀秦而已如捭闔飛箝實今之常態是知漸漓之後不讀鬼谷子書者其行事皆得自然符契也昔蒼頡作文字鬼爲之哭不知鬼谷作是書鬼何爲耶世人欲知鬼谷子者觀二子言畧盡矣故掇其大要著之篇

鄭樵通志藝文略鬼谷子三卷（皇甫謐注鬼谷先生楚人也生于周世隱居鬼谷）又三卷（樂壹注）又三卷（唐尹知章注）又三卷（梁陶宏景注）

馬端臨通考經籍志鬼谷子三卷

王應麟玉海引史記正義鬼谷谷名在雒州陽城縣北五里七錄有蘇秦書樂壹注云秦欲神祕其道故假名鬼谷也鬼谷子三卷樂壹注樂壹字正魯郡人有陰符七術有揣及摩二篇戰國策云得太公陰符之謀伏而

誦之簡練以爲揣摩朞年揣摩成按鬼谷子乃蘇秦書明矣

王應麟漢書藝文志考證縱橫蘇子三十二篇○鬼谷子三卷樂壹注云蘇秦欲神祕其道故假名鬼谷也史記正義戰國策云乃發書陳篋數十得太公陰符之謀伏而誦之簡練以爲揣摩鬼谷子有陰符七術有揣及摩二篇乃蘇秦書明矣東萊呂氏曰戰國游說之風蘇秦張儀公孫衍實倡之秦周人也儀與衍皆魏人也故言權變辯智之士必曰三晉兩周云石林葉氏曰蘇秦學出於揣摩未嘗卓然有志天下反覆無常不守一道度其隙苟可入者則爲之此揣摩之術也故始求說周

周顯王不能用則去而之秦再求說秦秦孝公不能用則去而之燕幸燕文侯適合而從說行其所以說周者吾不能知若秦孝公而聽之則必先爲衡說以噬六國何有于周此蘇秦所以取死也太平御覽引蘇秦曰天子坐九重之內樹塞其門旒以翳明衡以隱聽鸞以抑馳後漢王符傳注引蘇子曰人生一世若朝露之宅于桐葉耳其與幾何御覽又引蘭以芳自燒膏以肥自焫翠以羽殃身蚌以珠致破○按蘇子三條其文與鬼谷子不類則鬼谷之非蘇秦書明矣劉氏涇曰老之翕張儒之闔闢其與鬼谷往來如環鬼幽而顯者也谷抑而應者也藏幽露顯一抑一應信如其名哉此條亦王伯厚考證所引故附錄之

高似孫子畧曰戰國之事危矣士有挾雋異豪偉之氣求騁乎用其應對酬酢變詐激昂以自放於文章見於

頓挫險怪離合揣摩者其辭又極矣鬼谷子書其智謀其數術其變譎其辭談蓋出於戰國諸人之表夫一闔一闢易之神也一翕一張老氏之幾也鬼谷之術往往有得於闔闢翕張之外神而明之益至於自放潰裂而不可禦予嘗觀諸陰符矣窮天之用賊人之私而陰謀詭秘有金匱韜畧之所不可該者而鬼谷盡得而泄之其亦一代之雄乎按劉向班固錄書無鬼谷子隋志始有之列於縱橫家唐志以爲蘇秦之書然蘇秦所記以爲周時有豪士隱者居鬼谷自號鬼谷先生無鄉里族姓名字今攷其言有曰世無常貴事無常師又曰人動我靜人言我聽知性則寡累知命則不憂凡此之類其

爲辭亦卓然矣至若盛神養志諸篇所謂中稽道德之祖散入神明之賾者不亦幾乎郭璞登樓賦有曰揖首陽之二老招鬼谷之隱士又遊僊詩曰青溪千餘仞中有一道士借問此何誰云是鬼谷子可謂慨想其人矣徐廣曰潁川陽城有鬼谷注其書者樂壹皇甫謐陶宏景尹知章知章唐人

陳振孫書錄解題鬼谷子三卷戰國時蘇秦張儀所師事者號鬼谷先生其地在潁川陽城名氏不傳于世此書漢志亦無有隋唐志則直以爲蘇秦撰不可攷也隋志有皇甫謐樂壹二家注今本稱陶宏景注又云拔唐書藝文志作二卷

錢曾讀書敏求記陶宏景注鬼谷子三卷鬼谷子無鄉
里族姓名字戰國時隱居潁川陽城之鬼谷故以爲號
其轉丸胠篋二篇今亾貞白曰或云卽本經中經是也

附録

說苑善說篇引鬼谷子曰人之不善而能矯之者難矣說之不行言之不從者其辯之不明也既明而不行者持之不固也既固而不行者未中其心之所善也辯之明之持之固之又中其人之所善其言神而珍白而分能入于人之心如此而說不行者天下未嘗聞也

史記太史公自序云故曰聖人不朽時變自守虚者道之常也因者君之綱也索隱曰此出鬼谷子遷引之以成其章故稱故曰也

史記田世家索隱引鬼谷子云田成子殺齊君十二代

而有齊國按莊子胠篋篇文與此同

太平御覽治道部引鬼谷子曰事聖君有聽從無諫諍中君有諫諍無諂諛事暴君有補削無矯拂又曰君得名則羣臣恃之

意林引鬼谷子曰人動我靜人言我聽能固能去在我而問知性則寡累知命則不憂憂累去則心平心平而仁義著矣又曰以德養民猶草木之得時以仁化人猶天生草木以雨潤澤之以上七條鬼谷子逸文

文選注鬼谷子序曰周時有豪士隱於鬼谷者自號鬼谷子言其自遠也然鬼谷之名隱者通號也

太平御覽禮儀部鬼谷子曰周有豪士居鬼谷號爲鬼

谷神生蘇秦張儀往見之先生曰吾將爲二子陳言至道子其齋戒擇日而學後儀秦齋戒而往此條疑是鬼谷子序文

晁公武讀書志尹知章敘秦儀復往見先生乃正席而坐嚴顏而言告二子以全身之道

史記蘇秦列傳索隱曰樂壹注鬼谷子書云蘇秦欲神秘其道故假名鬼谷以上四條鬼谷子序

史記蘇秦列傳蘇秦東師事于齊而習之於鬼谷先生徐廣曰潁川陽城有鬼谷蓋是其人所居因爲號駰案風俗通義曰鬼谷先生六國時從橫家索隱曰鬼谷地名也扶風池陽潁川陽城并有鬼谷墟蓋是其

人所居因爲號○集解鬼谷子有揣摩篇也王劭云
揣情摩意是鬼谷之二章名非爲一篇也
法言云儀秦學乎鬼谷術
論衡答佞篇蘇秦張儀從横習之鬼谷先生掘地爲坑
曰下說令我泣出則耐分人君之地蘇秦下說鬼谷
先生泣下沾襟又明雩篇蘇秦張儀悲說坑中鬼谷
先生泣下沾襟
王嘉拾遺記曰張儀蘇秦二人遞剪髪以相活或傭力
寫書行遇聖人之文無以題記則以墨書於掌中及
股裏夜還折竹寫之二人假食於路剝樹皮爲囊以
盛天下良書每息大樹之下假息而寐有一先生問

曰二子何勤苦若是而儀秦共與言論曰子是何人答曰吾死生於山谷世論謂余歸谷子也秦儀後遊學復逢歸谷子乃請其學術則教以干世俗之辯乃探胷中韋秩三卷書言輔時之事故儀秦學之以終身也古史考云儀秦受術鬼谷先生歸之聲與鬼相亂故也

金樓子曰秦始皇聞鬼谷先生言因遣徐福入海求金菜玉蔬別有眞隱傳錄異記二條乃後人妄託其辭鄙俗今不錄

鬼谷子目錄

上卷

中卷

中經

鬼谷子卷上

梁陶宏景注

捭闔第一

捭撥動也闔閉藏也凡與人之言道或撥動之令有言示其同也或閉藏之令自言示其異也

粤若稽古聖人之在天地間也

若順稽考也聖人在天地間觀人設教必順考古道而爲之

爲衆生之先

首出萬物以前人用先知覺後知用先覺覺後覺故爲衆生先

觀陰陽之開闔以命物

陽開以生物陰闔以成物生成既著須立名以命之也

知存亡之門戶

不忘亡者存有其存者亡能知吉凶之先見者其惟知機乎故曰知存亡之門戶也

籌策萬類一本作物之終始達人心之理見變化之朕焉

萬類終始人心之理變化朕迹莫不朗然元悟而無幽不測故能籌策達見焉

而守司其門戶

司主守也門戶即上存亡之門戶也聖人既達物理終始知存亡之門戶能守而司之令其背亡而趣存

也

故聖人之在天下也自古之今其道一也意林引作自古及今

莫不背亡而趣存故曰其道一也

變化無窮各有所歸

其道雖一行之不同故曰變化無窮然有條而不紊

故曰各有所歸也

或陰或陽或柔或剛或開或閉或弛或張

此二者法象各異施教不同

是故聖人一守司其門戶審察其所先後意林引無一字所字

政教雖殊至於守司門戶則一故審察其所宜先者

先行所宜後者後行之也

度權量能校其伎巧短長

權謂權謀能謂才能伎巧謂百工之役言聖人之用人必量度其謀能之優劣校考其伎巧之長短然後因材而用

夫賢不肖智愚勇怯仁義有差乃可捭乃可闔乃可進乃可退乃可賤乃可貴無爲以牧之

言賢不肖智愚勇怯材性不同各有差品賢者可捭而同之不肖者可闔而異之智之與勇可進而貴之愚之與怯可退而賤之賢愚各當其分股肱各盡其力但恭已無爲牧之而已矣

審定有無以一本作與其實虛隨其嗜欲以見其志意

言任賢之道必審定其材術之有無性行之虚實然後隨其嗜欲而任之以見其志意之眞僞也

徵排其所言而捭反之以求其實貴得其指闔而捭之以求其利

凡言事者則徵排抑其所言撥動以反難之以求其實情實情既得又自閉藏而撥動之彼以求其所言之利何如耳

或開而示之或闔而閉之開而示之者同其情也闔而閉之者異其誠也

開而同之所以盡其情闔而異之所以知其誠也

可與不可審明其計謀以原其同異

凡有所言有可有不可必明審其計謀以原其同異離合有守先從其志

計謀離離合不同但能有所執守則先從其志以盡之以知成敗之歸也

即欲捭之貴周即欲闔之貴密周密之貴微文選注引云即欲聞之貴密密之貴微闔作聞密之貴微上脫周字而與道相追

言捭動之貴其周徧閉藏之貴其隱密而此二者皆須微妙合於道之理然後爲得也

捭之者料其情也闔之者結其誠也

料謂簡擇結謂繫束情有眞僞故須簡擇誠或無終故須繫束也

皆（一本作既）見其權衡輕重乃爲之度數聖人因而爲之慮
權衡既陳輕重自分然後爲之度數以制其輕重輕
重因得所而爲設謀慮使之道行也
其不中權衡度數聖人因而自爲之慮
謂輕重不合於斤兩長短不充於度數便爲廢物何
所施哉聖人因是自爲謀慮更求其反也
故捭者或捭而出之或捭而納之
謂中權衡者出而用之其不中者納而藏之也
闔者或闔而取之或闔而去之
誠者闔而取之不誠者闔而去之
捭闔者天地之道

闔戶謂之坤闢戶謂之乾故謂天地之道
捭闔者以變動陰陽四時開閉以化萬物縱橫
陰陽變動四時開閉皆捭闔之道也縱橫謂廢起也
萬物或開以起之或闔而廢之
反出反覆反忤必由此矣
言捭闔之道或反之令出於彼或反之覆來於此或
反之於彼忤之於此皆從捭闔而生故曰必由此也
捭闔者道之大化說之變也必豫審其變化
言事無開闔則大道不化言說無變故開閉者所以
化大道變言說事雖大莫不成之於變化故必豫之
吉凶繫焉

口者心之門戶六字意林引也心者神之主也

心因口宣故口者心之門戶也神爲心用故心者神之主也

志意喜欲思慮智謀皆由門戶出入意林作智謀皆從之出

凡此八者皆往來於口中故曰由門戶出入也

故關之以一本有以字捭闔制之以出入捭之者開也言也陽也闔之者閉也默也陰也

言八者若無開閉事或不節故關之以捭闔者所以制其出入開言於外故曰陽也閉情於内故曰陰也

陰陽其和終始其義

開閉有節故陰陽和先後合宜故終始義

故言長生安樂富貴尊榮顯名（一本作榮顯名譽）愛好財利得意喜欲爲陽曰始

凡此皆欲人之生故曰始曰陽

故言死（一本有亡字）憂患貧賤苦辱棄損亡利失意有害刑戮誅罰爲陰曰終

凡此皆欲人之死故曰陰曰終

諸言法陽之類者皆曰始言善以始其事諸言法陰之類者（者字據上文增一本有）皆曰終言惡以終其謀

謂言說者有於陰言之有於陽言之聽者宜知其然

捭闔之道以陰陽試之

謂或撥動之或閉藏之以陰陽之言試之則其情慕

可知

故與陽言者依崇高與陰言者依卑小

謂與情陽者言高以引之與情陰者言卑以引之

以下求小以高求大

陰言卑小故曰以下求小陽言崇高故曰以高求大

由此言之無所不出無所不入無所不可

陰陽之理盡小大之情得故出入皆可何所不可乎

可以說人可以說家可以說國可以說天下

無所不可故所說皆可

爲小無內爲大無外

盡陰則無內盡陽則無外

益損去就倍反皆以陰陽御其事

以道相成曰益以事相賊曰損義乖曰去志同曰就去而遂絕曰倍去而復來曰反凡此不出陰陽之情

故曰皆以陰陽御其事也

陽動而行陰止而藏陽動而出陰隱而入陽還終始陰極反陽

此言上下相成由陰陽相生也

以陽動者德相生也以陰靜者形相成也以陽求陰苞以德也以陰結陽施以力也

此言上以爵祿養下下以股肱宣力

陰陽相求由捭闔也

之下疑闕

上下所以能相求者由開閉而生也

此天地之、一本無之字當衍陰陽之道而說人之法也

言既體天地象陰陽故其法可以說人也

爲萬事之先是謂圓方之門戶

天圓地方上下之義也理盡開閉然後生萬物故爲萬事先上下之道自此出入故曰圓方之門戶

反應第二太平御覽引作反覆篇據本文當作反覆一本亦作反應

聽言之道或有不合必反以難之彼因難以更思必有以應也

古之大化者乃與無形俱生

大化者謂古之聖人以大道化物也無形者道也動

必由道故曰無形俱生也

反以觀往覆以驗來反以知古覆以知今反以知彼覆以知已一本作此

言大化聖人稽衆捨已舉事重慎反覆詳驗欲以知來先以觀往欲以知今先以考古欲以知彼先度於已故能舉無遺策動必成功

動靜虛實之理不合來今反古而求之

動靜由行止也虛實由真僞也其理不合於今反求於古者也

事有反而得覆者聖人之意也

事有不合反而求彼翻得覆會於此成此在於考彼

契今由於求古則聖人之意也

不可不察

不審則失之於幾故不可不察

人言者動也巳默者静也因其言聽其辭

以静觀動則所見審因言觀辭則所得明

言有不合者反而求之其應必出

謂言者或不合於理未可卽斥但反而難之使自求

之則契理之應怡然自出

言有象事有比其有象比以觀其次

應理旣出故能言有象事有比前事旣有象比更當

觀其次令得自盡象謂法象比謂比例

象者象其事比者比其辭也以無形求有聲

理在元微故無形也無言則不彰故以無形求有聲

聲即言也比謂比類也

其釣語合事得人實也

得魚在於投餌得語在於發端發端則語應投餌則

魚來故曰釣語語則事合故曰合事明試在於敷言

故曰得人實也

其張罝網而取獸也多張其會而司之道合其事彼自

出之此釣人之網也

張網而司之彼獸自得道合其事彼理自出理既彰

聖賢斯辨雖欲自隱其道無由故曰釣人之網也

常持其網驅之其言無比乃爲之變
持釣人之網驅令就職事也或乖彼遂不言無比如
此則爲之變常易網更有以動之者矣
以象動之以報其心見其情隨而牧之
此言其變也報猶合也謂更開法象以動之既合其
心其情可見因隨其情而牧養也
已反往彼覆來言有象比因而定基
已反往以求彼彼必覆來而就職則奇策必申故言
有象比則口無擇言故可以定邦家之基矣
重之襲之反之覆之萬事不失其辭
謂象比之言既可以定基然後重之襲之反覆之皆

謂再三詳審不容謬妄故能萬事允愜無復失其辭者也

聖人所誘愚智事皆不疑

聖人誘愚則閉藏之以知其誠誘智則撥動之以盡其情咸得其實故事皆不疑也

古善反聽者乃變鬼神以得其情

言善反聽者乃坐忘遺鑒不思元覽故能變鬼神以得其情洞幽微而冥會夫鬼神本密今則不能故曰變也

其變當也而牧之審也

言既變而當理然後牧之道審也

收之不審得情不明得情不明定基不審

情明在於審收故不審則不明審基在於情明故不明則不審

變象比必有反辭以還聽之

謂言者於象比有變必有反辭以難之令其先說我乃還靜以聽之

欲聞其聲反默欲張反驗欲高反下欲取反與

此言反聽之道有以誘致之故欲聞彼聲我反靜默欲彼開張我反驗斂欲彼高大我反卑下欲彼收取我反施與如此則物情可致無能自隱也

欲開情者象而比之以牧其辭同聲相呼實理同歸

欲開彼情先設象比而動之彼情既動將欲生辭徐

徐牧養令其自言譬猶鶴鳴于陰聲同必應故能以

實理相歸也

或因此或因彼或以事上或以牧下

謂所言之事或因此發端或因彼發端其事有可以

事上可以牧下者也

此聽眞僞知同異得其情詐也

謂眞僞同異情詐因此上事而知也

動作言默與此出入喜怒由此以見其式

謂動作言默莫不由情與之出入至於或喜或怒亦

由此情以見其式也

皆以先定爲之法則

謂上六者皆以先定於情然後法則可爲

以反求覆觀其所託故用此者

反於彼者所以求覆於此因以觀彼情之所託此謂

信也知人在於見情故言用此也

己欲平静以聽其辭察其事論萬物别雄雌

謂聽言之道先自平静既得其辭然後察其事或論

序萬物或分别雄雌也

雖非其事見微知類

謂所言之事雖非時要然觀此可以知微故曰見微

知類

若探人而居其內量其能射其意也符應不失如螣蛇之所指若羿之引矢

聞其言則可知其情故若探人而居其內則情原必盡故量能射意乃無一失若合符契螣蛇所指禍福不差羿之引矢命處輒中聽言察情不異於此故以相況也

故知之始巳自知而後知人也

知人者智自知者明智從明生明能生智故欲知人必須自知

其相知也若比目之魚見形也若光之與影也太平御覽引反覆篇云其和也若比目魚其伺言也若聲與響注曰和答問也因問而言申敘其解如比目魚相須而行候察

言辭往來若影之隨形響之應聲按本文與此異

我能知已彼須我知必兩得之然後聖賢道合故若比目之魚聖賢合則理自彰猶光生而影見

其察言也不失若磁石之取鍼舌之取燔骨

以聖察賢復何所失故若磁石之取鍼舌之取燔骨

其與人也微其見情也疾

聖賢相與其道甚微不移寸陰見情甚疾

如陰與陽如陽與陰如圓與方如方與圓

上下之道取類股肱比之一體其來尚矣故其相成也如陰與陽其相形也猶圓與方

未見形圓以道之既形方以事之

謂向晦入息未見之時當以圓道導之亦旣出潛離
隱見形之後卽以方職任之
進退左右以是司之
此言用人之道或升進或黜退或貶左或崇右一惟
上圓方之理故曰以是道司之
已不先定牧人不正
方圓進退若不先定則於牧人之理不道其正也
事用不巧是謂忘情失道
用事不巧則操末續顛圓鑿方枘情道兩失故曰忘
情失道也
已審先定以牧人策而無形容莫見其門是謂天神

已能審定以之牧人至德潛暢元風遠扇非形非容無門無戶見形而不及道日用而不知故謂之天神也

內揵第三

揵者持之令固也言上下之交必內情相得然後結固而不離

君臣上下之事有遠而親近而疏

道合則遠而親情乖則近而疏

就之不用去之反求

非其意則就之而不用順其事則去之而反求

日進前而不御遙聞聲而相思意林引或遙聞而相思或進前而不御

分違則日進前而不御理契則遙聞聲而相思

事皆有內揵素結本始

言或有遠之而相親去之反求聞聲而思者皆由內合相待素結其始故曰皆有內揵素結本始也

或結以道德或結以黨友或結以財貨或結以采色

結以道德謂以道德結連於君若帝之臣名爲臣實爲師也結以黨友謂以友道結連於君王者之臣名爲臣也實爲友也結以貨財結以采色謂若桀紂之臣費仲惡來之類是也

用其意欲入則入欲出則出欲親則親欲疏則疏欲就則就欲去則去欲求則求欲思則思

自入出巳下八事皆用臣之意隨其所欲故能固志於君物莫能間也

若蚨母之從其子也出無間入無朕獨往獨來莫之能止

蚨母螳蟷也似蜘蛛在穴中有蓋言蚨母養子以蓋覆穴出入往來初無間朕故物不能止之今內揵之臣委曲從君以自結固無有間隙亦由是也

內者進說辭揵者揵所謀也

說辭既進內結於君故曰內者進說辭也度情為謀君必持而不捨故曰揵者揵所謀也

故遠而親者有陰德也近而疏者志不合也

陰德謂陰私相德也

就而不用者策不得也去而反求者事中來也

謂所言當時未合事過始駭故曰中來

日進前而不御者施不合也遥聞聲而相思者合於謀待決事也自故遠而親者至此節鄧析子文與此微異

謂所行合於己謀待之以決其事故曰遥聞聲而相思也

故曰不見其類而說之者見逆不得其情而說之者見非

言不得其情類而說之者必北轅適楚東軫遊秦所以見非逆也

得其情乃制其術得字上一本有必字

得其情則鴻遇長風魚縱大壑沛然莫之能禦故能制行其術也

此用可出可入可揵可開

此用者謂其情也則出入自由揵開任意也

故聖人立事以此先知而揵萬物

言以得情立事故能先知可否萬品所以結固而不離者皆由得情也

由夫道德仁義禮樂計謀

由夫得情故能行其仁義道德以下事也

先取詩書混說損益議論去就

混同也謂先考詩書之言以同已說然後損益時事議論去就也

欲合者用內欲去者用外

內謂情內外謂情外得情自合失情自去此蓋理之常也

外內者必明道數揣策來事見疑決之

言善知內外者必明識道術之數預揣來事見疑能決也

策無失計立功建德

既能明道術故策無失計策無失計乃可以立功建德也

治名入産業曰揵而內合

理君臣之名使上下有序入賦稅之業使遠近無差上下有序則職分明遠近無差則徭役簡如此則爲國之基故曰揵而內合也

上暗不治下亂不寤揵而反之

上暗不治其任下亂不寤其萌如此天下無邦域中曠主兼昧者可行其事侮已者由是而興故曰揵而反之

內自得而外不留說而飛之

言自賢之主自以所行爲得而外不留賢者之說如此者則爲作聲譽而飛揚之以鈎觀其心也

若命自來已迎而御之

君心既善已必自有命來召已既迎而御之以行其志

若欲去之因危與之

翔而後集意欲去之因將危與之辭矣

環轉因化莫知所爲退爲大儀

去就之際反覆量宜如員環之轉因彼變化雖傍者莫知其所爲如是而退可謂全身大儀儀者法也

抵巇第四

巇太平御覽引作[扌戲]劉逵注左思賦云鬼谷先生書有抵戲篇又作戲

抵擊實也巇釁隙也墻崩因隙器壞因釁而擊實之則墻器不敗若不可救因而除之更有所營置人事

亦猶是也

物有自然事有合離文選注引云物有自然樂氏注曰自然繼本名也

此言合離若乃自然之理

有近而不可見遠而可知近而不可見者不察其辭也

遠而可知者反往以驗來也

察辭觀行則近情可見反往驗來則遠事可知古猶今也故反考往古則可驗來故曰反往以驗

巇者鏬也鏬者㵎也㵎者成大隙也

隙大則崩毁將至故宜有以抵之也

巇始有朕可抵而塞可抵而卻三句太平御覽引可抵而息可抵而匿可抵而得此謂抵巇之理也

朕者隙之將兆謂其微也自中成者可抵而塞自外來者可抵而卻自下生者可抵而息其崩微者可抵而匿都不可治者可抵而得深知此五者然後善抵巇之理也

事之危也聖人知之獨保其用因化說事（三句太平御覽引）通達計謀以識細微（四字文選注引）

形而上者謂之聖人故危兆纔形朗然先覺既明且哲故獨保其用也因化說事隨機逞術通達計謀以經緯識而預防之也

經起秋毫之末揮之於太山之本

漢高祖以布衣登皇帝位殷湯由百里而馭萬邦經

始也揮動也

其施外兆萌牙孽之謀皆由抵巇抵巇隙爲道術

言化政施外兆萌牙孽之時託聖謀而計起葢由善抵巇之理故能不失其機然則巇隙既發乃可行道術故曰抵巇隙爲道術也

天下分錯上無明主公侯無道德則小人讒賊賢人不用聖人竄匿貪利詐僞者作君臣相惑土崩瓦解而相伐射父子離散乖亂反目是謂萌牙巇罅

此謂亂政萌牙爲國之巇罅伐射謂相攻伐而激射

聖人見萌牙巇罅則抵之以法世可以治則抵而塞之不可治則抵而得之或抵如此或抵如彼或抵反之或

抵覆之

如此謂抵而塞之如彼謂抵而得之反之謂助之爲理覆之謂因取其國

五帝之政抵而塞之三王之事抵而得之

五帝之政世間猶可理故曰抵而塞之是以有禪讓之事三王之事世間不可理故曰抵而得之是以有征伐之事也

諸矦相抵不可勝數當此之時能抵爲右

謂五伯時右由上也

自天地之合離終始必有巇隙不可不察也

合離謂否泰言天地之道正觀尚有否泰爲之巇隙

又況於人乎故曰不可不察也

察之以捭闔能用此道聖人也

捭闔亦否泰也體大道以經人事者聖人也

聖人者天地之使也

後天而奉天時故曰天地之使也

世無可抵則深隱而待時時有可抵則爲之謀可以上合可以檢下

上合謂抵而塞之助時爲治檢下謂抵而得之束手歸已也

能因能循爲天地守神

言能因循此道則大寶之位可居故能爲天地守其

神祀也

鬼谷子卷上

鬼谷子卷中

梁陶宏景注

飛箝第五

飛謂作聲譽以飛揚之箝謂牽持緘束令不得脫也

言取人之道先作聲譽以飛揚之彼必露情竭志而無隱然後因其所好牽持緘束不得轉移

凡度權量能所以徵遠來近

凡度其權畧量其材能爲遠近聲譽者所以徵遠而來近也謂賢者所在或遠或近以此徵來若燕昭尊隗卽其事也

立勢而制事必先察同異別是非之語案下文及注異下脫之黨二字

言遠近旣至乃立賞罰之勢制能否之事事勢旣立

必先察黨與之同異別言語之是非
見內外之辭知有無之數
外謂浮虛內謂情實有無謂道術能否又必見其情
僞之辭知其能否之數
決安危之計定親疎之事
既察同異別是非見內外知有無然後與之決安危
之計定親疎之事則賢不肖可知也
然後乃權量之其有隱括乃可徵乃可求乃可用
權之所以知其輕重量之所以知其長短輕重既分
長短既形乃施隱括以輔其曲直如此則徵之亦可
求之亦可用之亦可

引鉤箝之辭飛而箝之

鉤謂誘致其情言人之材性各有差品故鉤箝之辭亦有等級故引鉤箝之辭內惑而得其情曰鉤外譽而得其情曰飛得情卽箝持之令不得脫移故曰鉤箝故曰飛鉤箝

鉤箝之語其說辭也乍同乍異

謂說鉤箝之辭或捭而同之或闔而異之故曰乍同乍異也

其不可善者或先徵之而後重累

不可善謂鉤箝之辭所不能動如此必先命徵召之重累者謂其人既至然後狀其材所有其人既至然

後都狀其材術所有知其所能人或因此從化者也

或先重以以字疑衍累而後毀之

或有雖都狀其所有猶未從化然後就其材術短者

訾毀之人或過而從之言不知化者也

或以重累爲毀或以毀爲重累

或有狀其所有其短自形此以重累爲毀也或有歷

說其短材術便著此以毀爲重累也爲其人難動故

或重累之或訾毀之所以驅誘令從化

其用或稱財貨琦瑋珠玉璧白采色以事之

其用謂人能從化將用之必先知其性行好惡動以

財貨采色者欲知其人貪廉也

或量能立勢以鉤之

量其能之優劣然後立去就之勢以鉤其情以知智謀

或伺候見澗而箝之

謂伺彼行事見其澗而箝持之以知其勇怯也

其事用抵巇

謂此上事用抵巇之術而爲之

將欲用之天下必度權量能見天時之盛衰制地形之廣狹岨嶮之難易人民貨財之多少諸侯之交孰親孰疎孰愛孰憎

將用之於天下謂用飛箝之術輔於帝王度權量能

欲知帝王材能可輔成否天時盛衰地形廣狹人民多少又欲知天時地利人和合其泰否諸侯之交親疎愛憎又欲知從否之衆寡

心意之慮懷審其意知其所好惡乃就說其所重以飛箝之辭鉤其所好以箝求之

旣審其慮懷知其好惡然後就其所最重者而說之又以飛箝之辭鉤其所好旣知其所好乃箝而求之所好不違則何說而不行哉

用之於人則量智能權材力料氣勢爲之樞機一本有飛字以迎之隨之以箝和之以意宣之此飛箝之綴也

用之於人謂用飛箝之術于諸侯也量智能料氣勢

者亦欲知其智謀能否也樞所以主門之動靜機所以主弩之放發言既知其諸侯智謀能否然後立法鎮其動靜制其放發猶樞之於門機之於弩或先而迎之或後而隨之皆箝其情以和之用其意以宜之如此則諸侯之權可得而執已之恩又得而固故曰飛箝之綴也謂用飛箝之術連於人也

用於人則空往而實來綴而不失以究其辭可箝而從可箝而横可引而東可引而西可引而南可引而北可引而反可引而覆

用於人謂以飛箝之術任使人也但以聲譽揚之故曰空往彼則開心露情歸附於已故曰實來既得其

情必綴而勿失又令敷奏以言以究其辭如此則從
横東西南北反覆惟在已之箝引無思不服
雖覆能復不失其度
雖有覆敗必能復振不失其節度此箝之終也

忤合第六

大道既隱正道不得坦然而行故將合於此必忤於
彼令其不疑然後可行其意即伊吕之去就是也
凡趨合倍反計有適合
言趨合倍反雖參差不齊然施之計謀理乃適合
化轉環屬各有形勢反覆相求因事爲制
言倍反之理隨化而轉如連環之屬然其去就各有

形勢或反或覆理自相求莫不因彼事情爲之立制也

是以聖人居天地之間立身御世施教揚聲明名也必因事物之會觀天時之宜因之所多所少以此先知之與之轉化

所多所少謂政教所宜多所宜少也旣知多少所宜然後爲之增減故曰以此先知謂用倍反之理知之也轉化謂變以從化也

世無常貴事無常師二句意林引

能仁爲貴故無常貴主善爲師故無常師

聖人常爲無不爲所聽無不聽

善必爲之故無不爲無稽之言不聽故無所聽

成於事而合於計謀與之爲主

於事必成於謀必合如此者與衆立之推以爲主也

合於彼而離於此計謀不兩忠

合於彼必離於此是其忠謀不得兩施也

必有反忤反於是一本作此忤於彼忤於此反於彼其術也

既有不兩施宜行反忤之術反忤者意欲反合於此

必行忤於彼忤者設疑其事令昧者不知覺其事也

用之天下必量天下而與之用之國必量國而與之用之家必量家而與之用之身必量身材能氣勢而與之大小進退其用一也

用之者謂反忤之術量者謂其事業有無與謂與之親凡行忤者必稱其事業所有而親媚之則暗主無從而覺故得行其術也所行之術雖有大小進退之異然而至於稱事揚親則一故曰其用一也

必先謀慮計定而後行之以飛箝之術

將行反忤之術必須先定計謀然後行之又用飛箝之術以彌縫之

古之善背向者乃協四海包諸侯忤合之地而化轉之然後以之求合

言古之深識背向之理者乃合同四海兼并諸侯驅置忤合之地然後設法變化而轉移之衆心旣從乃

求其眞主而與之合也

故伊尹五就湯五就桀然後合於湯呂尚一本作望三就文王三入殷而不能有所明然後合於文王太平御覽引忤合篇云伊尹五就桀五就湯然後合於湯呂尚三入殷朝三就文王然後合於文王此天知之至歸之不疑注云伊尹呂尚各以至知說聖王因擇釣行其術策按本文與此小異

伊尹呂尚所以就桀紂者以忤之令不疑彼既不疑然後得合於其眞主矣

此知天命之箝故歸之不疑也

以天命系于殷湯文王故二臣歸二主不疑也

非至聖人達奧不能御世不據別本增勞心苦思不能原事

不悉心見情不能成名材質不惠不能用兵忠實無眞

不能知人故忤合之道已必自度材能知睿量長短遠近孰不如

夫忤合之道不能行於勝已而必用之於不我若故知誰不如然後行之也

乃可以進乃可以退乃可以縱乃可以橫

旣行忤合之道於不如已者則進退縱橫唯吾所欲耳

揣篇第七 太平御覽引作揣情篇

古之善用天下者必量天下之權而揣諸侯之情量權不審不知強弱輕重之稱揣情不審不知隱匿變化之動靜何謂量權曰度於大小謀於衆寡稱貨財之一本無之

字有無料人民多少饒乏之有餘不足幾何辨地形之險易孰利孰害謀慮孰長孰短君臣別本無臣字之親疏孰賢孰不肖與賓客之知別本無知字睿孰少孰多別本作孰多孰少觀天時之禍福孰吉孰凶諸侯之親一本有疎字別本有信字孰用孰不用百姓之心去就變化孰安孰危孰好孰憎反側孰便能知如一本無如字別本同此者是謂權量

天下之情必見於權也善修量權其情可得而知之

知其情而用之者何適而不可哉

揣情者必以其甚喜之時往而極其欲也其有欲也不能隱其情二句文選注引上有藏形二字似誤必以其甚懼之時往而極其惡也其有惡也不能隱其情情欲必失其

夫人之性甚喜則所欲著甚懼則所惡彰故因其彰著而往極之惡欲既極則其情不隱是以情欲因喜懼之變而失也

感動而不知其變者乃且錯其人勿與語而更問所親知其所安

雖因喜懼之時以欲惡感動尚不知其變如此者乃且置其人無與之語徐徐更問斯人之所親則其情欲所安可知也

夫情變於內者形見於外故常必以其見者而知其隱者此所以一本無以字謂測深揣情文選注引此四字

夫情貌不差內變者必見外貌故常以其外見而知

其内隱觀色而知情者必用此道此所謂測深揣情也

故計國事者則當審權量說人主則當審揣情謀慮情欲必出於此太平御覽引揣情篇云說王公君長則審情以說避所短從所長今按藏本無此文

審權量則國事可計審揣情則人主可說至於謀慮情欲皆揣而後行故曰謀慮情欲必出於此也

乃可貴乃可賤乃可重乃可輕乃可利乃可害乃可成乃可敗其數一也

言審於揣術則貴賤成敗唯已所制無非揣術所爲故曰其數一也

故雖有先王之道聖智之謀非揣情隱匿無所索之此

謀之大本也而說之法也

先王之道聖智之謀雖宏曠元妙若不兼揣情之術則彼之隱匿從何而求之然則揣情者乃成謀之本而說之法制也

常有事於人人莫先事而至此最難爲

挾揣情之術者必包獨見之明故有事於人人莫能先也又能窮幾盡變故先事而至自非體元極妙則莫能爲此矣故曰此難爲者也

故曰揣情最難守司言必時其謀慮

人情險於山川難於知天今欲揣度而守司之不亦難乎故曰揣情最難守司謀慮出於人情必當知其

時節此其所以最難也

故觀蜎飛蠕動無不有利害可以生事美生事者幾之勢也

蜎飛蠕動微蟲耳亦猶懷利害之心故順之則喜悅逆之則勃怒況於人乎況于鬼神乎是以利害者理所不能無順逆者事之所必行然則順之招利逆之致害理之常也觀此可以成生事之美生事者必審幾微之勢故曰生事者幾之勢也

此揣情飾言成文章而後論之

言既揣其情然後修飾言語以道之故說辭必使成文章而后可論也

摩篇第八（太平御覽引作摩意篇）

摩之符也（別本有內字）內符者揣之主也（太平御覽引摩意篇云摩者揣之也今按全篇無此文附錄于此○按此節文義不明疑有脫誤卽御覽所引亦有脫字無善本是正姑仍之）

謂揣知其情然後以其所欲摩之故摩爲揣之術內符者謂情欲動於內而符驗見於外揣者見外符而知內情故曰符爲揣之主也

用之有道其道必隱

揣者所以度其情慕摩者所以動而內符用揣摩者必先定其理故曰用之有道然則以情度情情本潛密故曰其道必隱也

微（別本微字接前隱字讀）摩之以其所欲測而探之內符必應其

應也必有爲之

言既揣知其情所趨向然後以其所欲微而摩之得所欲而情必動又測而探之如此則內符必應內符既應必欲爲其所爲也

故微而去之是謂塞窌匿端隱貌逃情而人不知故一本有能字成其事而無患

君既所爲事必可成然後從之臣事貴於無成有終故微而去之爾若乃已不同於此計令功歸於君如此可謂塞窌匿端隱貌逃情情逃而窌塞則人何從而知之人既不知所以息其所僭妬故能成事而無患也

摩之在此此符之在彼從而應之事無不可

此摩甚微彼應自著觀者但覩其著而不見其微如此用之功專在彼故事無不可也

古之善摩者如操釣而臨深淵餌而投之必得魚焉御覽引焉作矣故曰主事日成而人不知主兵日勝而人不畏也

釣者露餌而藏鉤故魚不見鉤而可得賢者觀功而隱摩故人不知摩而自服故曰主事日成而人不知也兵勝由於善摩摩隱則無從而畏故曰主兵日勝而人不畏也

聖人謀之於陰故曰神成之於陽故曰明

潛謀陰密日用不知若神道之不測故曰神也功成

事遂煥然彰著故曰明也

所謂主事日成者積德也而民安之不知其所以利積善也而民道之不知其所以然而天下比之神明也

聖人者體道而設教參天地而施化韜光晦迹藏用顯仁故人安德而不知其所以利從道而不知其所以然故比之神明

主兵日勝者常戰於不爭不費而民不知所以服不知所以畏而天下比之神明

善戰者絕禍於心胸禁邪于未萌故以不爭爲戰師旅不起故國用不費至德潛暢元風遐扇功成事就百姓皆得自然故不知所以服不知所以畏比之于

神明

其別本無其字摩者有以平有以正有以喜有以怒有以名有以行有以廉有以信有以利有以卑

凡此十者皆摩之所由而發言人之材性參差事務變化故摩者亦消息盈虛因幾而動之平者靜也正者直也喜者悅也怒者動也名者發也行者成也廉者潔也信者明也利者求也卑者諂也名貴發揚故曰發也行貴成功故曰成也

故聖人所獨用者衆人皆有之然無成功者其用之非也

言上十事聖人獨用以爲摩而能成功立事然衆人

莫不有所以用之非道不能成

故謀莫難于周密說莫難于悉聽事莫難于必成二句太平御覽引悉聽作悉行又注云摩不失其情故能建功此三者摩摩字据别本增然後能之

謀不周密則失幾而害成說不悉聽則違順而生疑事不必成則止簣而有廢皆有所難能任之而無難者其唯聖人乎

故謀必欲周密必擇其所與通者說也故曰或結而無隙也

爲通者說謀必虛受如受石投水開流而納泉如此則何隙而可得故曰結而無隙也

夫事成必合於數故曰道數與時相偶者也

夫謀成必先考合于術數故道術時三者相偶合然後事可成而功業可立也

說者聽必合于情故曰情合者（別本有必字）聽

進說而能令聽者其惟情合者乎

故物歸類抱薪趨火燥者先燃平地注水濕者先濡（四句北堂書鈔引又意林引此四句下有此類相應也五字與藏本異）此物類相應於勢譬猶是也此言內符之應外摩也如是

言內符之應外摩得類則應譬猶水流就濕火行就燥也

故曰摩之以其類焉有不相應者乃摩之以其欲焉有不聽者故曰獨行之道

善於摩者其唯聖人乎故曰獨行之道者也

夫幾者不晚成而不抱久而化成

見幾而作何晚之有功成不拘何抱之有久行此二者可以化天下

權篇第九太平御覽引作量權篇

說者說之也說之者資之也

說者說之於彼人也說之者有資於彼人也資取也

飾言者假之也假之者益損也

說者所以文飾言語但假借以求入於彼非事要也

亦既假之須有損益故曰假之者損益之謂也

應對者利辭也利辭者輕論也

謂彼有所問卒應而對之者但便利辭也辭務便利故所此下當有脫誤

成義者明之也明之者符驗也

覈實事務以成義理者欲明其眞僞也眞僞旣明則符驗自□□符驗也言或反覆欲相却也

難言者却論也却論者釣幾也

言或不合反覆相難所以却論前事也却論者必理精而事明幾微可得而盡矣故曰却論者釣幾也求其深微曰釣也

佞言者諂而干忠干字應是于字之訛爾雅釋言曰于求也玩注自明下四節及注并同

諂者先意承欲以求忠名故曰諂而于忠

諛言者博而于智

博者繁稱文辭以求智名故曰博而于智

平言者決而于勇

決者縱舍不疑以求勇名故曰決而于勇

戚言者權而于信

戚者憂也謂象憂戚而陳言也權者策選進謀以求

信名故曰權而于信

靜言者反而于勝

靜言者謂象清淨而陳言反者先分不足以窒非以

求勝名故曰反而于勝

先意承欲者諂也繁稱文辭者博也策選進謀者權也

縱舍不疑者决也先分不足以窒非者反也

巳實不足不自知而内訟而反攻人之過窒他謂非如此者反也

故口者機關也所以關關字脫據太平御覽及注文增閉情意也藝文類聚及太平御覽引耳目者心之佐助也所以窺間見姦邪故曰參調而應利道而動

口者所以發言語故曰口者機關也情意宣否在於機關故曰所以關閉情意也耳目者所以助心通理故曰心之佐助也心得耳目卽能窺見間隙見彼姦邪故曰窺間見姦邪耳心目三者調和而相應感則動必成功吉無不利其所無口口則以順道而動故

曰參調而應利道而動者也

故繁言而不亂翱翔而不迷變易而不危者觀要得理

苟能觀要得理便可曲成不失故雖繁言紛葩不亂

翱翔越口不迷變易改常而不危者也

故無目者不可示以五色無耳者不可告以五音

五色爲有目者施故無目不可得而示其五色五音

爲有耳者作故無耳不可得而告其五音此二者爲

下文分也

故不可以往者無所開之也不可以來者無所受之也

物有不通者故不事也

此不可以往說於彼者爲彼暗滯無所可開也彼所

不來說於此者爲此淺局無所可受也夫淺局之與暗滯常閉塞而不通故聖人不事也

古人有言曰口可以食不可以言（二句藝文類聚及太平御覽引）言者有諱忌也衆口爍金言有曲故也

口食可以肥百體故可食也口言或可以招百殃故不可以言也言者觸忌諱故曰有忌諱也金爲堅物衆口能爍之則以衆口有私曲故也故曰言有曲故也

人之情出言則欲聽舉事（一本脫事字）則欲成

可聽在於合彼可成在於順理此爲下起端也

是故智者不用其所短而用愚人之所長（一本有智者二字）不

用其所拙而用愚人之所工（四句意林引不用其所拙上無智者二字工作巧）故不困也

智者之短不勝愚人之長故用愚人之長也智者之拙不勝愚人之工故用愚人之工也常能棄拙短而用工長故不困也

言其有利者從其所長也言其有害者避其所短也

人能從利之所長避害之所短故出言必見聽舉事必有成功也

故介蟲之捍也必以堅厚螫蟲之動也必以毒螫故禽獸知用其長而談者知用其用也（太平御覽引量權篇云介蟲之捍必以甲而後動螫蟲之動必先螫毒故禽獸知其所長而談者不知用也注云蟲以甲自覆障而言說者不知其長按

本文與此小異

言介蟲之捍也口堅厚以自藏螫蟲之動也行毒螫以自衛此用其所長也故能自免於害至於他鳥獸莫不知用其長以自保全談者感此亦知其所用而用也

故曰辭言五曰病曰恐原本作怨据別本改正曰憂曰怒曰喜

五者有一必失中和而不平暢一本引作正文

故曰病者感衰氣而不神也

病者恍惚故氣衰而不神也

恐者腸絕而無主也

恐者內動故腸絕而言無主也

憂者閉塞而不泄也

憂者怏悒故閉塞而言不泄也

怒者妄動而不治也

怒者鬱勃故妄動而言不治也

喜者宣散而無要也

喜者搖蕩故宣散而言無要也

此五者精則用之利則行之

此五者既失於平常故用之在精而行之在利其不精利則廢而止之也

故與智者言依於博與博者言原本别本作與拙者言据太平御覽改正依於辨與辨者言依於要三句太平御覽引與貴者言依於勢與

富者言依於高高當從鄧析子作豪爲是與貧者言依於利與賤者言依於謙鄧析子無此句與勇者言依於敢與過過當作進別本作通鄧析子作愚者言依於銳此其術術太平御覽引作說也而人常反之太平御覽引量權篇云言有通者從其所長言有塞者從其所短注云人辭說條通理達即敘述從其長者以昭其德人言壅滯即避其短稱宣其善以顯其行言說之樞機事物之志務者也今按全篇無此文附錄于此

此量宏發言之術也不達者反之則逆理而不免成於害也

是故與智者言將此以明之與不智者言將此以教之而甚難爲也

與智者語將以其明斯術與不智者語以此術教之然人迷罔日久教之不易故難爲也

故言多類事多變故終日言不失其類故事不亂

言者條流舛雜故多類也事則隨時而化故多變也若言不失類事亦不亂

終日不變而不失其主故智貴不妄

不亂故不變故其主有常能令有常而不變者智之用也故其智可貴而不妄

聽貴聰智貴明辭貴奇

聽聰則眞僞不亂知明則可否自分辭奇則是非有證三者能行則功成事立故須貴也

謀篇第十 太平御覽引作謀慮篇

爲人別本無爲人二字凡謀有道必得其所因以求其情

得其所因則其情可求見情而謀則事無不濟

審得其情乃立三儀三儀者曰上曰中曰下參以立焉以生奇奇一本作計不知其所擁始於古之所從太平御覽引謀慮篇云乃立三儀曰上曰中曰下參以立焉注云三儀有上有下有中

言審情之術必立上智中才下愚三者參以驗之然後奇計可得而生奇計既生莫不通達故不知其所擁蔽然此奇計非自今也乃始於古之順道而動者蓋從於順也

故鄭人之取玉也載司南之車爲其不惑也藝文類聚文選注太平御覽并引又載字上藝文類聚有必字宋書禮志引此亦有必字夫度材量能揣情者亦事之司南也故同情而俱相親者其俱成者也同欲

而相疏者其偏害者也太平御覽引鬼谷子曰肅慎氏獻白雉于文王還恐迷路問周公作指南車以送之今按全書無此文疑是司南句下注文也

同情謂欲其謀立事事若俱成後必相親若乃一成一害後必相疏理之常也

同惡而相親者其俱害者也同惡而相疏者別本有偏其字害者也

同惡謂同爲彼所惡後若俱害情必相親若乃□□□□理必相疏亦理之常也

故相益則親相損則疏其數行也此所以察同異之分一本有其字類一也

同異之分用此而察

故墻壞於其其字據別本增隙木毀於其節意林引二其字并作有斯蓋其分也

墻木毀由於隙節況於人事之變生於同異故曰斯蓋其分

故變生於事事生謀謀生計計生議議生說說生進六何太平御覽引無於字又引注曰會同異曰議決是非曰說進生退退生制因以制於事故百事一道而百度一數也

言事有本根各有從來譬之卉木因根而有枝條花葉故曰變隙然後生於事業生事業者必須計謀成計謀者必須議說議說必有當否故須進退之既有黜陟須事以爲法而百事百度何莫由斯而至其道

數一也

夫仁人輕貨不可誘以利可使出費勇士輕難不可懼以患可使據危智者達於數明於理不可欺以誠可示以道理可使立功是三才也

使輕貨者出費則費可全使輕難者據危則危可安使達數者立功則功可成總三材而用之可以光耀千里豈徒十二乘而已

故愚者易蔽也不肖者易懼也貪者易誘也是因事而裁之

以此三術取彼三短可以立事立功也謀者因事興慮宜知之而裁之故曰因事而裁之

故爲强者積於弱也有餘者積於不足也此其道術行也

柔弱勝於剛强故積弱可以爲强大直若曲故積曲可以爲直少則得衆故積不足可以爲有餘然則以弱爲强以曲爲直以不足爲有餘斯道術之所行故曰道術行也

故外親而內疏者說內內親而外疏者說外

外陽相親而內實疏者說內以除其內疏內實相親而外陽疏者說外以除其外疏也

故因其疑以變之因其見以然之

若內外無親而懷疑者則因其疑而變化之彼或因

見而有所見則因其所見而然之

因其說以要之因其勢以成之

既然見彼或有可否之說則因其說要結之可否既

形便有去就之勢則因其勢以成就之

因其惡以權之因其患以斥之

去就既成或有惡患則因其惡也以權量之因其患

也爲斥除之

摩而恐之高而動之

患惡既除或恃勝而驕者便切摩以恐懼之高危以

感動之

微而正之符而應之

雖恐動之尚不知變者則微有所引據以證之爲設符驗以應之

擁而塞之亂而惑之是謂計謀

雖有爲設引據符驗尚不知變者此則或深不可救也使擁而塞之亂而惑之因抵而得之如此者可以計謀之用也

計謀之用公不如私私不如結結而無隙者也

公者揚于王庭名爲聚訟莫執其咎其事難成私者不出門庭愼密無失其功可立故公不如私雖復潛謀不如與彼要結二人同心物莫之間欲求其隙其可得乎

正不如奇奇流而不止者也

正者循理守常難以速進奇者反經合義事同機發故正不如奇奇計一行則流通而莫知止也故曰奇流而不止者也

故說人主者必與之言奇說人臣者必與之言私

與人主言奇則非常之功可立與人臣言私則保身之道可全

其身內其言外者疏其身外其言深者危

身在內而言外泄者必見疏也身居外而言深切者必見危也

無以人之近所不欲別本作無以身之所不欲而強之於人無以人

之所不知而教之於人

謂其事雖近彼所不欲莫強與之將生恨怨也教人當以所知今反以人所不知教之猶以暗除暗豈爲益哉

人之有好也學而順之人之有惡也避而諱之故陰道而陽取之也

學順人之所好避諱人之所惡但陰自爲之非彼所逆彼必感悅明言以報之故曰陰道而陽取之也

故去之者縱之縱之者乘之

將欲去之必先聽縱令極其過惡過惡既極便可以法乘之故曰縱之者乘之也

貌者不美又不惡故至情託焉

貌者謂察人之貌以知其情也謂其人中和平淡見善不美見惡不非如此者可以至情託之故曰至情託焉

可知者可用也不可知者謀者所不用也

謂彼情寬密可令知者可爲用謀故曰可知者可用也其不寬密不可令知者謀者不爲用謀也故曰不可知者謀者所不用也

故曰事貴制人而不貴見制於人制人者握權也見制於人者制命也

制命者言命爲人所制也

故聖人之道陰，愚人之道陽。

聖人之道內陽而外陰，愚人之道內陰而外陽。

智者事易而不智者事難。以此觀之，亡不可以爲存而危不可以爲安。爲存爲安二爲字一本皆作反然而無爲而貴智矣。

智者寛恕，故易事；愚者猜忌，故難事。然而不智必有危亡之禍，以其難事，故賢者莫得申其計畫，則亡者遂亡，危者遂危，欲求安存，不亦難乎？今欲存其亡，安其危，則他莫能爲，惟智者可矣，故曰無爲而貴智矣。

智用於衆人之所不能知而能用於衆人之所不能見。

衆人所不能知，衆人所不能見，智獨能用之，所以貴於智矣。

既用見可否擇事而爲之所以自爲也見不可擇事而爲之所以爲人也

亦既用智先已而後人所見可否擇事爲之將此自爲所見不可擇事而爲之將此爲人亦猶伯樂教所親相駑駘教所憎相千里也

故先王之道陰言有之曰天地之化在高與深聖人之制道在隱與匿非獨忠信仁義也中正而已矣

言先王之道貴於陰密尋古遺言證有此理曰天地之化唯在高深聖人之制道唯在隱匿所隱者中正自然合道非專在仁義忠信也故曰非獨忠信仁義

道理達於此義者原本作之據別本改正則可與言

言謀者曉達道理能於此義達暢則可與語至而言
極矣
由能得此則可與轂遠近之義
轂養也若能得此道之義則可與居大寶之位養遠
近之人誘於仁壽之域也

決篇第十一

爲人凡決物必托於疑者善其用福惡其有患害至於
誘也
有疑然後決故曰必托於疑者凡人之情用福則善
有患則惡福患之理未明疑之所由生故曰善其用
福惡其有患然善於決疑者必誘得其情乃能斷其

可否也

終無惑偏有利焉去其利則不受也奇之所託

懷疑曰惑不正曰偏決者能無惑偏行者乃有通濟然後福利生焉若乃去其福利則疑者不受其決若有利於善者隱託於惡則不受矣致疏遠

謂疑者本其利善而決者隱其利善之情反託之於惡則不受其決更致疏遠矣

故其有使失利其一本無其字有使離害者此事之失

言上之二者或去利託於惡疑者既不受其決則所行罔能通濟故有失利罹害之敗凡此皆決事之失也

聖人所以能成其事者有五有以陽德之者有以陰賊之者有以信誠之者有以蔽匿之者有以平素之者

聖人善變通窮物理凡所決事期於必成事成理著者以陽德決之情隱言僞者以陰賊決之道成志直者以信誠決之姦小禍微者以蔽匿決之循常守故者以平素決之

陽勵於一言陰勵於二言平素樞機以用四者微而施之

勵勉也陽爲君道故所言必勵於一一無爲也陰爲臣道故所言必勵於二二有爲也君道無爲故以平素爲主臣道有爲故以樞機爲用言一也二也平素

也樞機也四者其所施爲必精微而契妙然後事行而理不難

於是度以往事驗之來事參之平素可則決之

君臣既有定分然後度往驗來參以平素計其是非於理既可則爲之決也

公王大人之事也危而美一本作變名者可則決之

危由高也事高而名美者則爲決之

不用費力而易成者可則決之

所謂惠而不費故爲決之

用力犯勤苦然而不得已而爲之者可則決之

所謂知之所無柰何安之若命故爲之決一本引作正文

去患者可則決之從福者可則決之

去患從福之人理之大順故爲決之也

故夫決情定疑萬事之機（一本作基）以正亂治決成敗難爲者

治亂以之正成敗以之決失之毫釐差之千里樞機之發榮辱之主故曰難爲

故先王乃用蓍龜者以自決也

夫以先王之聖智無所不通猶用蓍龜以自決況自斯已下而可以專已自信不博謀於通識者哉

符言第十二

發言必驗有若符契故曰符言

安徐正靜其被節無不肉一本作先肉無無不二字

被及也肉肥也謂饒裕也言人若居位能安徐正靜則所及人節度無不饒裕

善與而不靜虛心平意以待傾損

言人君善與事結而不安靜者但虛心平意以待之傾損之期必至矣

有主位

主於位者安徐正靜而已

目貴明耳貴聰心貴智智鄧析子作公

目明則視無不見耳聰則聽無不聞心智則思無不通是三者無擁則何措而非當也

以天下之目視者則無不見以天下之耳聽者則無不聞以天下之心慮者則無不知心鄧析子作智

昔在帝堯聰明文思光宅天下蓋用此道也

輻湊並進則明不可塞

夫聖人不自用其聰明思慮而任之天下故明者爲之視聰者爲之聽智者爲之謀若雲從龍風從虎霈然而莫之禦輻湊並進不亦宜乎若日月照臨其可塞哉故曰明不可塞也

有主明

主於明者以天下之目視也

德之術曰勿堅而拒之

崇德之術在於恢宏博納山不讓塵故能成其高海不辭流故能成其深聖人不拒衆故能成其大故曰勿堅而拒之也

許之則防守拒之則閉塞

言許而容之衆必歸而防守拒而逆之衆必違而閉塞歸而防守則危可安違而閉塞則通更壅夫崇德者安可以不宏納哉

高山仰之可極深淵度之可測神明之位術正靜其莫之極歟一本無歟字

高莫過山猶可極深莫過淵猶可測若乃神明之位德術正靜迎之不見其前隨之不見其後其可測量

乎哉

有主德

主於德者在於含宏而勿距也

用賞貴信用刑貴正

賞信則立功之士致命捐生刑正則受戮之人沒齒無怨也

賞賜貴信必驗耳目之所見聞其所不見聞者莫不闇化矣

言施恩行賞耳目所見聞則能驗察不謬動必當功如此則信在言前雖不見聞者莫不闇化也

誠暢於天下神明而況姦者干君

言每賞從信則至誠暢於天下神明保之如赤子天祿不傾如泰山又況不逞之徒欲奮其姦謀干於君位者哉此猶腐肉之齒利劒鋒接必無事矣

有主賞

主於賞者貴於信也

一曰天之二曰地之三曰人之

天有逆順之紀地有孤虛之理人有通塞之分有天下者宜皆知之

四方上下左右前後熒惑之處安在

夫四方上下左右前後有陰陽向背之宜有國從事者不可不知又熒惑天之法星所居災眚吉凶尤著

故曰雖有明天子必察熒惑之所在故亦須知也

有主問

主於問者須辨三才之道

心爲九竅之治君爲五官之長

九竅運爲心之所使五官動作君之所命

爲善者君與之賞爲非者君與之罰

賞善罰非爲政之大經也

君因其政之所以求因與之則不勞

與者應彼所求求者應而無得應求則取施不妄得

應則行之無怠循性而動何勞之有

聖人用之故能賞之因之循理固（一本作故鄧析子亦作故）能久長

因求而與悅莫大焉雖無玉帛勸同賞矣然因逆理

禍莫速焉因之循理固能長久者也

有主因

主於因者貴於循理

人主不可不周人主不周則羣臣生亂

周謂徧知物理於理不周故羣臣亂也

家于其無常也內外不通安知所開一本作閒

家猶業也羣臣既亂故所業者無常而內外閉塞觸途多礙何如知所開乎

開閉不善不見原也

開閉卽捭闔也既不用捭闔之理不見爲善之源也

有主周

主於周者在於徧知物理

一曰長目二曰飛耳三曰樹明

用天下之目視故曰長視用天下之耳聽故曰飛耳

用天下之心慮故曰樹明者也

千里之外隱微之中是謂洞天下姦莫不闇變更

言用天下之心慮則無不知故千里之外隱微之中

莫不元覽旣察隱微故爲姦之徒絕邪於心胷故曰

莫不闇變更也

有主恭

主於恭者在於聰明文思

循名而爲實安而完

實既副名所以安全

名實相生反相爲情

循名而爲實因實而生名名實不虧則情在其中

故曰名當則生於實實生於理

名當自生於實實立自生於理

理生於名實之德

無理不當則名實之德自生也

德生於和和生於當

有德必和能和自當

有主名

主於名者在於稱實

轉丸胠亂據注亂當作篋二篇皆亡一本作轉丸第十三胠篋第十四下注亡字或有莊周胠篋而充次第者按鬼谷之書崇尚計謀祖述聖智而莊周胠篋乃以聖人爲大盜之資聖法爲桀跖之失亂天下者聖人之由也蓋欲縱聖棄智驅一代於混茫之中殊非此書之意蓋無取焉或曰轉丸胠篋者本經中經是也別本引稱陶宏景曰

鬼谷子卷中

鬼谷子卷下

梁陶宏景注

本經陰符七篇（自本經以下一本題作外篇）

陰符者私志於內物應於外若合符契故曰陰符由本以經末故曰本經

盛神法五龍

五龍五行之龍也龍則變化無窮神則陰陽不測故盛神之道法五龍也

盛神中有五氣神爲之長心爲之舍德爲之人養神之所歸諸道

五氣五藏之氣也謂神魂魄精志也神居四者之中故爲之長心能舍容故爲之舍德能制邪故爲之人

然養事之宜歸之於道
道者天地之始一　其紀也物之所造天之所生包宏無形化氣先天地而成莫見其形莫知其名謂之神靈無名天地之始故曰道者天地之始也道始所生者一故曰一　其紀也言天道混成陰陽陶鑄萬物以之造化天地以之生成包容宏厚莫見其形至於化育之氣乃先天地而成不可以狀貌詰不可以名字尋妙萬物而爲言者也是以謂之神靈
故道者神明之源一　其化端是以德養五氣心能得一乃有其術
神明稟道而生故曰道者神明之源也化端不一有

時不化故曰一其化端也循理有成謂之德五氣各能循理則成功可致故曰德養五氣也一者無爲而自然者也心能無爲其術自生故曰心能得一乃有其術也

術者心氣之道所由舍者神（一本無神字）乃爲之使

心氣合自然之道乃能生術術之有道由舍則神乃爲之使

九竅十二舍者氣之門戶心之總攝也生受之天謂之眞人眞人者與天爲一

十二者謂目見色耳聞聲鼻受香口知味身覺觸意思事根境互相停舍故曰十二舍也氣候由之出入

故曰氣之門戶也唯心之所操秉故曰心之總攝也

凡此皆受之於天不虧其素故曰眞人眞人者體同

於天故曰與天爲一也

而知之者內修鍊而知之謂之聖人聖人者以類知之

內修鍊謂假學而知之者也然聖人雖聖猶假學而

知假學即非自然故曰以類知之也

故人與生一出於化物

言人相與生在天地之間其得一耳既出之後隨物

而化故有不同也

知類在竅有所疑惑通於心術術必有不通

竅謂孔竅也言之事類在於九竅然竅之所疑必與

術相通若乃心無其術術必不通也
其通也五氣得養務在舍神此之謂化
心術能通五氣自養然養五氣者務令來歸舍神既
來舍自然隨理而化也
化有五氣者志也思也神也德也一本脱也字神其一長也
靜和者養氣養氣得其和四者不衰四邊威勢無不爲
存而舍之是謂神化歸於身謂之眞人
言能化者在於全五氣神其一長者言能齋一志思
而君長之神既一長故能靜和而養氣氣既養德必
和焉四者志思神德也四者能不衰則四邊威勢無
有不爲常存而舍之則神道變化自歸於身神化歸

身可謂眞人

眞人者同天而合道執一而養產萬類懷天心施德養無爲以包志慮思意而行威勢者也士者通達之神盛乃能養志

一者無爲也言眞人養產萬類懷抱天心施德養育皆以無爲爲之故曰執一而產養萬類至於志意思慮運行威勢莫非自然循理而動故曰無爲以包也然通達此道其唯善爲士乎既能盛神然後乃可養志者也

養志法靈龜

志者察是非龜者知吉凶故曰養志法靈龜

養志者心氣之思不達也

言以心氣不達故須養志以求通也

有所欲志存而思之志者欲之使也欲多志（一本無志字）則心散心散則志衰志衰則思不達也

此明縱欲者不能養氣志故所思不達者也

故心氣一則欲不偟欲不偟則志意不衰志意不衰則思（一本無思字）理達矣

此明寡欲者能養其志故思理達矣

理達則和通和通則亂氣不煩（一本作暴）於胷中

和通則莫不調暢故亂氣自消

故內以養氣外以知人養志則心通矣知人則分職明

矣

心通則一身泰職明則天下平

將欲用之於人必先知養其氣一本無氣字志知人氣盛衰而養其氣志察其所安以知其所能

將欲用之於人謂以養志之術用人也養志則氣盛不養則氣衰盛衰既形則其所安所能可知矣然則善於養志者其唯寡欲乎

志不養心氣不固心氣不固則思慮不達思慮不達則志意不實志意不實則應對不猛應對不猛則失志而心氣虛志失而心氣虛則喪其神矣

此明喪神始於志不養也

神喪則髣髴髣髴則參會不一

髣髴不精明之貌參會謂志心神三者之交會也神不精明則多違錯故參會不得其一

養志之始務在安已已安則志意實堅志意實堅則威勢不分神明常固守乃能分之

安者謂少欲而心安也威勢既不分散神明常來固守如此則威精分勢震動物也上分謂散亡也下分謂我有其威而能動彼故曰乃能分也

實意法騰蛇

意委曲蛇能屈伸故實意法騰蛇也

實意者氣之慮也

意實則氣平氣平則慮審故曰實意者氣之慮

心欲安靜慮欲深遠心安靜則神明榮慮深遠則計謀成神明榮則志不可亂計謀成則功不可間

智不可亂故能成其計謀功不可間故能寧其邦國

意慮定則心遂安則其所行不錯神者得則凝一本作得其寧疑

心安則物無爲而順理不思而元覽故雖心之所不錯神自得之得之則無不成矣凝者成也

識氣寄姦邪得邪得二字一本脫而倚之詐謀得而惑之言無由心矣

寄謂客寄言氣非眞但客寄耳故姦邪得而倚之譁

謀得而惑之如此則言皆胷臆無復由心矣

故信心術守眞一而不化待人意慮之交會聽之候之也

言心術誠明而不虧眞一守固而不化然後待人接物彼必輸誠盡意智者慮能明者獻策上下同心故能交會也用天下之耳聽故物候可知矣

計謀者存亡樞機慮不會則聽不審矣候之不得計謀失矣則意無所信虛而無實

計得則存計失則亡故曰計謀者存亡之樞機慮不合物則聽者不爲已聽不審著聽既不審候豈得哉乖候而謀非失而何故計謀之慮務在實意實意必

從心術始故曰必在心術始也

無爲而求安靜五臟和通六腑精神魂魄固守不動乃能內視反聽定志思之太虚待神往來

言欲求安心之道必寂澹無爲如此則五臟安靜六腑通和精神魂魄各守所司澹然不動則可以內視無形反聽無聲志慮定太虚至神明千萬往來歸於已也

以觀天地開闢知萬物所造化見一本作具陰陽之終始原人事之政理不出戶而知天下不窺牖而見天一本無天字道不見而命不行而至

唯神也寂然不動感而遂通天下之故能知於不知

見於不見豈待出戶牖闚之然後知見哉固以不見

而命不行而至也

是謂道知以通神明應於無方而神宿矣

道無思也無爲也然則道知者豈用知而知哉以其

無知故能通神明應於無方而神來舍宿猶舍也

分威法伏熊

精虛動物謂之威發近震遠謂之分熊之搏擊必先

伏而後動故分威法伏熊

分威者神之覆也

覆猶衣被也震神明衣被然後其職可分也

故靜固志意神歸其舍則威覆盛矣

言致神之道必須靜意固志自歸其舍則神之威覆隆盛矣舍者志意之宅也

威覆盛則內實堅內實堅則莫當莫當則能以分人之威而動其勢如其天

外威既盛則內志堅實表裏相副誰敢當之物不能當之物不能當則我之威分矣威分動則物皆肅然畏其人之若天也

以實取虛以有取無若一本脫若字以鎰稱銖

言威勢既盛人物肅然是我實有而彼虛無故能以我實取彼虛以我有取彼無取之也動必相應猶稱銖以成鎰二十四銖爲鎰者也

故動者必隨唱者必和撓其一指觀其餘次動變見形無能間者

言威分勢震物猶風故能動必有隨唱必有和但撓其指以名呼之則羣物畢至然徐徐以次觀其餘衆猶性安之各令得所於是風以動之變以化之猶泥之在鈞羣器之形自見如此則天下樂推而不厭誰能間之也

審於唱和以間見間動變明而威可分

言審識唱和之理故能有間必知我既知間亦既見間即能間故能明於動變而威可分者

將欲動變必先養志伏意以視間

既能養志伏意視之其間則變動之術可成矣

知其固實者自養也讓巳者養人也故神存兵亡乃爲之形勢

謂自知志意固實者此可以自養也能行禮讓於巳者乃可以養人也如此則神存於内兵亡於外乃可爲之形勢也

散勢法鷙鳥

勢散而後物服猶鳥擊禽獲故散勢法鷙鳥也

散勢者神之使也

勢由神發故勢者神之使

用之必循間而動

無間則勢不行故用之必循間而動

威肅內盛推間而行之則勢散

言威敬內盛行之又因間而發則勢自然而散矣

夫散勢者心虛志溢

心虛則物無不包志溢則事無不決所以能散其勢

意失威勢精神不專其言外而多變

志意衰微而失勢精神挫衂而不專則言疏外而譎變

故觀其志意為度數乃以揣說圖事盡圓方齊長短

知其志意隆替然後可為之度數度數既立乃後揣說之圖其事也必盡圓方之理變短長之用也

無則不散（一本作行）勢散者（一本作散勢者）待間而動動（一本有而字）勢分矣

散不得間則勢不行故散勢者待間而動動而得間勢自分矣

故善思間者必內精五氣外視虛實動而不失分散之實

五氣內精然後可以外察虛實之理不失則間必可知有間必知故能不失分散之實也

動則隨其志意知其計謀

計謀者志意之所成故隨其志意必知其計謀也

勢者利害之決權變之威勢敗者不以神肅察也

神不肅察所以勢敗

轉圓法猛獸

言聖智之不窮若轉圓之無止轉圓之無止猶獸威無盡故轉圓法猛獸

轉圓者無窮之計（一本有也字）無窮者必有聖人之心以原（一本作原）不測之智以不測之智而通心術

聖心若鏡物感斯應故不測之智心術之要可通也

而神道混沌爲一以變論萬義（一本無義字）類說義無窮

既以聖心原不測通心術故雖神道混沌妙物杳冥而能類其萬類之變說無窮之義也

智畧計謀各有形容或圓或方或陰或陽或吉或凶事

類不同

事至然後謀與謀與然後事濟事無常準故形容不同圓者運而無窮方者止而有分陰則潛謀未兆陽則功用斯彰吉則福至凶則禍來凡此事皆反□□故曰事類不同者也

故聖人懷此之用轉圓而求其合

此謂所謀圓方以下六事旣有不同或多乖謬故聖人法轉圓之思以求順通合也

故與造化者爲始動作無不包大道以觀神明之域一本作機

聖人體道以爲用其動也神其隨也天故與造教化

其功動作先合大道之理以稽神明之域神道不違

然後發施號令

天地無極人事無窮各以成其類見其計謀必（一本知作各）

其吉凶成敗之所終也（一本無也字）

天地則獨長且久故無極人事則吉凶相生故無窮天地以日月不過陵谷不遷爲成人事以長保元亨考終厥命爲成故見其計謀之得失則吉凶成敗之所終皆可知也

轉圓者或轉而吉或轉而凶聖人以道先知存亡乃知轉圓而從方

言吉凶無常準故取類轉圓然聖人坐忘遺鑒體同

乎道故先知存亡之所在乃後轉圓而從其方棄凶而從吉方謂存亡之所在也

圓者所以合語方者所以錯事轉化者所以觀計謀接物者所以觀進退之意

圓者通變不窮故能合彼此之語方者分位斯定故可錯有爲之事轉化者改禍爲福故可觀計謀之得失接物者順通人情故可以觀進退之意是非之事也

皆見其會乃爲要結以接其說也

謂上四者必見會之變然後總其綱要而結之則情僞之說可接引而盡矣

損兌法靈著

老子曰塞其兌河上公曰兌目也莊子曰心有眼然則兌者謂以心眼察理也損者謂減損他慮專以心察也兌能知得失著能知休咎故損兌法靈著也

損兌者幾危之決也

幾危之理兆動之微非心眼莫能察見故曰損兌者幾危之決也

事有適然物有成敗幾危之動不可不察

適然者有時而然也物之成敗有時而然幾危之動自微至著若非情適遠心知機元覽則不能知於未兆察於未形使風濤潛駭危機密發然後河海之量

堙爲窮流一簣之積疊成山嶽不謀其始雖悔何之

故曰不可不察

故聖人以無爲待有德言察辭合於事

夫聖人者勤於求賢密於任使故端拱無爲以待有德之士士之至也必敷奏以言故曰言察辭也又明試以功故曰合於事也

兌者知之也損者行之也

用其心眼故能知之減損他慮故能行之

損之說之物有不可者聖人不爲辭也

言減損之說及其所說之物理有不可聖人不生辭以論

故智者不以言失人之言故辭不煩而心不虛志不亂而意不邪

智者聽輿人之頌采蒭蕘之言雖復辨周萬物不自說也故不以已能言而棄人之言旣有衆言故辭當而不煩還任衆心故心誠而不僞心誠言當志意豈復亂哉

當其難易而後一本作復爲之謀自然之道以爲實

失事而後謀生改常而後計起故心當其難易之際然後爲之謀謀失自然之道則事廢而功虧故必因自然之道以爲用謀之實也

圓者不行方者不止是謂大功益之損之皆爲之辭

夫謀之妙者必能轉禍爲福因敗成功追彼而成我也彼用圓者謀令不行彼用方者謀令不止然則圓行方止理之常也吾謀既發彼不得其常豈非大功哉至於謀之損益皆爲生辭以論其得失也

用分威散勢之權以見其兌威其機危乃爲之決

夫所以能分威散勢者心眼之由也心眼既明機危之威可知之矣既知之然後能決之

故善損兌者譬若決水於千仞之堤轉圓石於萬仞之谿一本作壑

言善損慮以專心眼者見事審得理明意決而不疑志雄而不滯其猶決水轉石誰能當禦哉自雄而不滯以下十

五字一本誤作正文錯簡在持樞句上

持樞

樞者居中以運外處近而制遠主於轉動者也故天之北辰謂之天樞門之運轉者謂之户樞然則持樞者動運之柄以制物也

持樞謂春生夏長秋收冬藏天之正也

言春夏秋冬四時運行不爲而自然也不爲而自然所以爲正也

不可干而逆之逆之者雖成必敗

言理所必有物之自然者靜而順之則四時行焉萬物生焉若乃干其時令逆其氣候成者猶敗況未成

者元亮曰含氣之類順之必悅逆之必怒況天爲萬物之尊而逆之

故人君亦有天樞生養成藏

言人君法天以運動故曰亦有天樞然其生養成藏天道之行也人事之正亦復不別耳

亦復不別干而逆之逆之雖盛必衰此天道人君之大綱也

言干天之行逆人之正所謂倒置之曰道非義而何此持樞之術恨太簡促暢理不盡或篇簡脫爛本不能全也以上五句本引稱陶宏景曰

中經

謂由中以經外發於心本以彌縫於物者也故曰中

經

中經謂振窮趨急施之能言厚德之人救物執窮者不忘恩也

振起也趨向也物有窮急當振起而向護之乃其施之必在能言之士厚德之人若能救彼拘執則窮者懷終不忘恩也

能言者儔善博惠

儔類也謂能言之士解紛救難雖不失善人之類而能博行恩惠也

施德者依道

言施德之人勤能修理所爲不失道也

而救拘執者養使小人

言小人在拘執而能救養之則小人可得而使也

蓋士當世異時或當因免（一本作勉）闐坑或當伐害能言或當破德爲雄或當抑拘成罪或當戚戚自善或當敗敗自立

闐坑謂將有兵難轉死溝壑士或有所因而能免斯禍者伐害能言謂小人之道讒人罔極故能言之士多被戮害破德爲雄謂毀文德崇兵戰抑拘成罪謂人不章橫被縲絏戚戚善謂天下蕩蕩無復綱紀而賢者守死善道貞心不渝所謂歲寒然後知松栢後彫

也敗敗自立謂天未悔禍危敗相仍君子窮而必通終能自立若管仲者也

故道貴制人不貴制於人也制人者握權制於人者失命

貴有術而制人不貴無術而爲人所制者也

是以見形爲容象體爲貌聞聲和音解仇鬬郄綴去却語攝心守義

此總其目下别序之

本經紀事者紀道數其變要在持樞中經

此總言本經持樞中經之義言本經紀事但紀道數而已至於權變之要乃在持樞中經也

見形爲容象體爲貌者謂爻爲之主也

見彼形象其體卽知其容貌者謂用爻卦占而知之也

可以影響形容象貌而得之也

謂彼人之無守故可以影響形容象貌占而得之

有守之人目不視非耳不聽邪言必詩書（二字別本脫）行不僻滛以道爲形以聽爲容貌莊色温不可象貌而得也

如是隱情塞郄而去之

有守之人動皆正直舉無滛僻厥後昌盛暉光日新雖有辯士之舌無從而得發故隱情塞郄閉藏而去之

聞聲和音謂聲氣不同則恩愛不接故商角不二合徵羽不相配

商金角木徵火羽水遞相尅食性氣不同故不相配合也

能爲四聲主者其唯宮乎

宮則土也土主四季四者由之以生故爲四聲主也

故音不和則不（一本無不字）悲是以聲散傷醜（一本無醜字）害者言必逆於耳也

散傷醜害不和之音音氣不和必與彼乖故言其必逆於耳

雖有美行盛譽不可比目合翼相須也此乃氣不合音

不調者也

言若音氣乖彼雖行譽美盛非彼所好則不可如比目之魚合翼之鳥兩相須也其有能令兩相求應不與同氣者乎

解仇鬭郄謂解羸微之仇鬭郄者鬭强也

辨說之道其猶張弓高者抑之下者舉之故羸微爲仇從而解之强者爲郄從而鬭之也

强郄既鬭稱勝者高其功盛其勢

鬭而盛者從而高其功盛其勢也

弱者哀其負傷其卑汙其名耻其宗

鬭而弱者從而哀其負劣傷其卑小汚下其名耻辱

其宗也

故勝者鬭其功勢苟進而不知退

知進而不知退必有亢龍之悔

弱者聞哀其負見其傷則強大力倍死而是也

弱者聞我哀傷則勉強其力倍意致死爲我爲是也

郄無極大禦無強大則皆可脅而并

言雖爲郄非能強大其於扞禦亦非強大如是者則以兵威脅令從已而并其國也

綴去者謂綴已之繫言使有餘思也

繫屬也謂已令去而欲綴其所屬之言令後思而同也

故接貞信者稱其行厲其志言可爲可復會之期喜一本作善

欲令去後有思故接貞信之人稱其行之盛美厲其志令不怠謂此美行必可常爲必可報復會通其人必令至於喜悅者也

以他人之庶引驗以結一本作巳往明疑疑而去之

言既稱行厲志令其喜悅然後以他人庶幾於此者引之以爲成驗以結巳往之心又明巳疑疑至誠如是而去之必思而不口

郤語者察伺短也

言郤語之道必察伺彼短也

故（一本有言字）多必有數短之處識其短驗之

言多不能無短既察知其短必記識之以取驗之相也

動以忌諱示以時禁

既有其短則以忌諱動之時禁示之其人因以懷懼然後結以安其心收語蓋藏而御之

其人既以懷懼必有求服之情然後結以誠信以安其懼心其向語蓋利而却之則其人之恩威固以深矣

無見巳之所不能於多方之人

既藏向語又戒之曰勿於多方人前見其所不能也

攝心者謂逢好學伎術者則爲之稱遠

欲將攝取彼心見其好學伎術則爲作聲譽令遠近知之也

方驗之驚以奇怪人繫其心於已

既爲作聲譽方且以道驗其伎術又以奇怪從而驚動之如此則彼人心繫於已也

効之於驗當從別本作人驗去亂其前吾歸誠於已

人既繫心於已又効之於時人驗之於往賢然後更理其前所爲謂之曰吾所以然者歸誠於彼人之已如此則賢人之心可得而攝亂者理也

遭淫色酒者爲之術音樂動之以爲必死生日少之憂

言將欲攝愚人之心見淫酒色者爲之術音樂之可說又以過於酒色必之死地生日減少以此可憂之事以感動之也

喜以自所不見之事終可以觀漫瀾之命使有後會又以音樂之事彼所不見者以喜悅之言終以可觀何必淫於酒色若能好此則性命漫瀾而無極終會於永年愚人非可以道勝說故惟音樂可以攝其心

守義者謂守以人義探心在内以合一本有者字也

義宜也宜探其内心隨其人所宜遂人所欲以合之也

探心深得其主也從外制内事有繫由而隨一本有之字也

既探知其心所以得主深也得心既深故能從外制內內由我制則何事不行故事有所屬莫不由隨之也

故小人比人則左道而用之至能敗家奪國

小人以探心之術來比於君子必以左道用權凡事非公正者皆曰小人反道亂常害賢伐善所用者左所違者公百度昬亡萬機曠紊家破國奪不亦宜乎

非賢智不能守家以義不能守國以道聖人所貴道微妙者誠以其可以轉危爲安救亡使存也

道謂中經之道也

鬼谷子卷下

陶宏景注鬼谷子爲道藏舊本吾鄉秦編脩敦夫博覽嗜古精于校讐因剌取諸書考訂譌謬梓行之其畧見自序中元讀鬼谷子中多韵語又其抵巇篇曰巇者罅也讀巇如呼合古聲訓字之義非後人所能依託其篇名有飛箝按周禮春官典同微聲韽後鄭讀爲飛鉆涅韽之韽箝鉆同字賈疏卽引鬼谷子證之又揣摩二篇似放蘇秦傳簡練以爲揣摩之語爲之然史記虞卿傳稱虞氏春秋亦有揣摩篇則亦游說者之通語也竊謂書苟爲隋唐志所著錄而今僅存者無不當精校傳世况是編爲從横家獨存之子書陶氏注又世所久佚誠罔羅古籍者所樂覩也阮

元跋尾

金陵全書

丁編·文獻類

陶貞白集

（南朝梁）陶弘景　撰

南京出版傳媒集團
南京出版社

陶貞白集二卷 舊刊本

梁秣陵陶宏景著

按集中尋山誌末注云陳武帝永定二年勑令尚書令江總始撰先生文集先生去世已五十二載文章散多散落而隋經籍志梁隱居先生陶宏景集三十卷又內集十五卷至宋作唐藝文志僅載集三十卷不著內集晁公武陳振孫二家且不著錄此編[illegible]卷明黃省曾從道藏錄出江夏黃注重加校正[illegible]為二卷按梁元帝碑文沈約與宏景書二十冊付贛鄉第氏刊梓并加序云爾 邵錫手印 誤鐫 荆華書屋三印

陶貞白集序

曩余寓吴興得抄本陶弘景集一卷次無序且篇章殘脱字畫譌謬蓋姑蘇五嶽山人黄省曾氏所編輯者山人博綜羣籍力追古雅是編或出其手而未詳訂云寧文春學耕於邑西郊之懷穀山莊偶憶弘景尋山誌

取是本觀焉回為之校讎本內論書啟解官表及梁武帝往復詔答則考之南史藝文志文獻通考等書其餘詩文序傳碑碣諸篇則考之藝文類聚初學記文苑英華等書凡增入文二篇竄補字二百五十有奇其不可考者姑仍其舊釐為二卷可繕寫

取梁史弘景本傳置諸首題曰陶貞白集質爻人九河俞子三校之子復增入梁元帝碑文沈約与弘景書二篇付贛鄱蕭氏刻梓按梁史載弘景所著學苑百卷孝経論語集注帝代年曆本草集註効驗方肘後百一方古今州郡記圖像集要及玉匱記七

曜新舊術疏占候合丹法式皆秘密不傳今纂以爲本草序肘後方序餘皆不可見恐人間尚有藏者姑校其所見如此弘景秣陵人圓通謙謹雖位望隆重而方外之志終身不忘是故其言有足取者弘景又有答武帝問山中何所有嶺上多白雲只可自

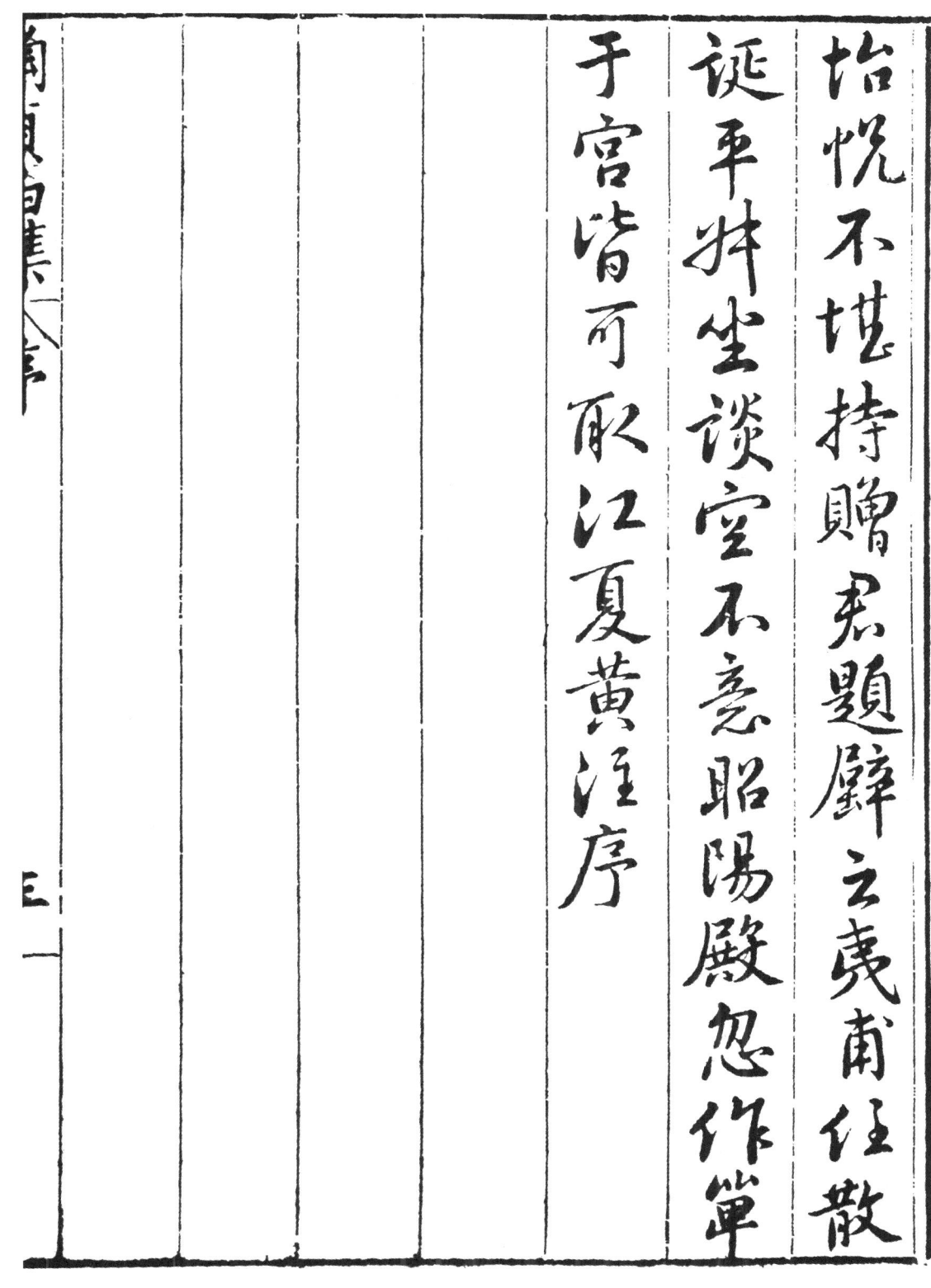

怡悅不堪持贈君題辭云庚甫任散
誕平牀坐談空不意昭陽殿忽作單
于宮皆可取江夏黄注序

陶貞白集 序 三

陶貞白集目錄

卷一

陶貞白集目録終

陶貞白集卷第一

梁　秣陵陶弘景著
　　吳郡黃省曾編
明　新安汪士賢校

尋山誌

倦世情之易撓迺杖策而尋山既沿幽以達峻寔窮阻而備艱渺游心其未已方際夕乎雲根欣夫得志者忘形遺形者神存於是散髮解帶盤旋巖上心容曠朖氣宇調暢玄雖遠其必存累無大而不忘害馬

之弊既去解牛之刃乃呈物我之情雖均因以濟吾
之所尚也若夫飛聲西岳邀利東陵楚湘之潔吳江
之矜輕炮重氣名貴於身迷真晦道余所弗丞襲衣
縫掖端委章甫徘徊郎廟趨翔庭宇傳氏百王流芳
世緒負德叨榮吾未敢許爾乃荆門晝掩蓬戶夜開
室迷夏草徑惑春苔夜虛月映琴響風哀夕鳥依簷
暮獸爭來時復歷近壟尋遠巒坐盤石望平原日負
嶂以共隱月披雲而出山風下松而含曲泉瀠石而
生文草靃靃以拂露鹿颸颸而來群捫虛蘿以入谷

傍洪潭而比清照石壁以端色攀桂枝而齊貞亟詹蘭而佩蕙及春鳩之未鳴且含懷以屏氣待蕙風而舒情乃乘輿而遂往遵巖路以遠游竚天維而標思擻悅忽而莫求眺回江之淼漫眩疊嶂之相稠日斜雲而色黛風過水而安流觸嶔巖而起巘值闊達而成洲石孤聳而獨絶岸懸天而似浮緣磴道其過半魂渺渺而無憂悟伯昏之倜宕躡千仞而神休遂乃凌巖峭至松門背通林而長源右聯山而無際左憑海而齊天竹泫泫以垂露柳依依而迎蜩鷗雙雙而

赴水鷺軒軒而歸田赴水兮汎濫歸田兮翱翔此漭濫之足樂意斯齡之不長悼茵蟪之危促羨靈椿兮未央雖鵬鷃之異類託逍遥乎一方願敷衽以遠訴思扣朝而陳辭至赤城兮一憩遇王子而宿之仰彭猗兮弗遠必長年兮可期及榆光之未暮將尋山而採芝去採芝兮入深硎深硎幽兮路窈窕窈窕路兮終無曙深硎深兮未曾曉高松上兮亟停雲低蘿下兮屢迷鳥迷蘿兮繽繽雲停松兮紛紛停雲游兮安泊離鳥棲兮索群嗟群治其無所思參差而誰闘

旣窮目以無閡缺一句問漁人以前路指示余以蓬萊曰果爾以尋山之志館爾以招仙之臺缺一句孰瀛水以通懷謂萬感其已會亦千念而必諧竟莫知其所蹤缺一句反無形於寂寞長超忽乎塵埃陳武帝貞明二年勑令尚書令江總始譔先生文集先生去世巳五十三載矣文章頗多散落

水仙賦

淼湯八海泫汨九河中天起浪分地瀉波東卷長桑日窟西斡龍築月阿廼者潼關不壅石門巳開導江出漢浮濟達淮障渠水府包山洞臺娥英之所游往

琴馮是焉去來或窮髮送鵬咸池浴日隨雲濯金槳之浙追霞採建木之實弄珠於淵客之庭卷綃乎鮫人之室此貞夐矣至於碧巖無霧綠水不風飛軒矧鳳游軿駕鴻上朝紫殿還覲青宮進麾八老頓拂四童拊洞陰之磬張玄圃之璈酌丹宂之醑薦麟洲之餚安期奉棗王母送桃錦旌麗日羽衣拂霄文其英矣及秋水方至層濤架山各巡封隩來賓王言選奇於河侯之府出寶於驪龍之川夜光燭月洪貝充轅亦其壞矣若夫層城瑶館縉雲瓊閣黃帝所以觸百

神也塗山石帳天后翠幙夏禹所以集群臣也岷嶓交錯上貫井絡窮漢硱硆橫帶玉繩浸湯泉於桂渚漏沸罄於金陵崩沙轉石驚湍走沫絶壁飛流萬丈懸瀨奔激砰碭之間馳驚壺口之外逮乎璇綱運極九六數翻用謀西漢受事龍門小周以後初會嬀前平陰鉅鹿再化爲淵淸河渤海三成桒田撫二儀以惻愴眺萬兆以流連僉自安於蝣晷編無羨於鵠年皆松下之一物又奚足以語仙陞乎循有生之造物固莫靈於在人寧不踵武於象帝入妙門而自賓苟

淪形而無曉與螻蟻而爲塵亦有先覺之秀獨往之英窺若士於蒙穀求呂梁於石城從務光於砥柱索龍威於洞庭迎九玄於金闕謁三素於玉清更天地之彌固終逍遥以長生

華陽頌

河篇徵往冊孔記昭昔名三宿麗天秀兩金標地英○樞城○宅無生乃有生有則還空冥靈構不待匠○虛形自成功○質象○總神列三府分塗交五便陰暉迎夜晢晨精望曉懸○形位○○南峯秀玄鼎

北嶺橫秦壁表裏玉沙津周回隱輪迹○標貫○左
帶栝汧水石浚陽谷川[redacted]懷哉北芒色井洌鳧門泉
○區別○郭千峙留岸姜巴亘遠蹤鶴靈廟或時饗
別宅乃恒恭○跡號○○吳居非知地越冢詎隱遷
樹蓋徒低蔭石竈未嘗煙○類附○○果林鬱餘柰
蔬圃募遺辛棼之可燭夜田泉嘗浣塵○物軌○降
巒龜山客解駕青華童寢宴含真館高會消閑宮○
○游集○清歌翔羽集長嘯歸雲翻子絃有逸調空
談無與言○才英○標舍雷平下立靜連石陰上道

巳冲念飛華當軫心○學稟○濟神旣有在去留從
所宜心迹何用顯冥途自相知○業運○方隅游瓊
刃華陽栖隱居重離倘或似七元乃扶胥○挺契○
號期行當满玄數未終丁迨乃承唐世將賓來聖庭
○機萌○刋石玄圖上顯誠曲階門動静願衿錄不
負保舉恩○誠期

授陸敬游十賚文

隱居先生遣繼事弟子戴垣秉策執簡滕授前學弟
子吳郡陸敬游建連石之邑爲栖静處士策文曰

咨爾敬游昔我紆紱帝闈侍笏梁庿雖迹混敎途而心標逸境芝田之想無忘曉夜濠潁之志歲月巳深至德有鄰風雲相會爾之來也爰移兩春於是褫帶青墀掛冠朱闕携手東驅創居茲嶺脉澗通水從石開基登崖斵榦越壟負卉筋力盡於登築氣血疲乎趨走肌色憔悴不以暴露爲苦心魂空慊寧顧饑寒之弊棟宇既立載罹霜暑于時七稔經始甫訖今日之安爾有勤焉君子不獨居其榮仁人必與物同泰是用邑爾長阿北阪積金山連石之鄉方七十步澗

水屬爲茂爾嘉業永爲華陽上賓爾其從之其一爾以誠慤爲性恬澹爲情質直居本沉重樹志不邀世才高謝時俗權謀詭譎非意所欲今故賚爾爲栖靜處士可謂因德立號克終斯矣其二爾基架館境營劃撥域堂壇宏敞樓路逈嚴官司行止並有栖憩繕築之勞莫匪爾力今故賚爾四霤飛軒廂廊側屋可以安身靜卧顯祇遐福其三爾奉上惟勤接下以惠稼穡艱難備嘗勞苦貨殖之宜允贍糧服手足胼胝未獲告休櫛風沐雨於焉尤切今故賚爾蒼頭一人

厥名多益可以傳代新水省息勿剗其四爾族惟舊
緒身乃邦聞道雖一貫事望宜分今故賚爾銅鐵如
意可以揮對賔僚即名立事其五爾崇敎惟善法無
偏執器服表用爰寄玩習今故賚爾筇竹錫杖可以
振動三界精祇慴響其六爾期誠玄契遐想靈風至
懷所詣因心則通今故賚爾香爐一枚重陸副之可
以騰煙紫閣昭感上司其七爾澡形潔藏肴糧既去
宜導松木實資芳醑今故賚爾杯盤一具可以夕挹
桂漿朝承菊露其八爾敬事經誥遵尚楷模翰墨之

用於是乎在今故賚爾大硯一面紙筆一副之可以臨文寫字對真受言其九

爾真心内固清行外彰滌蕩紛穢表裏霜雪今故賚爾鍮石澡灌手巾爲副可以登齋朝拜出入盥漱其十

今賚爾十事事準前史可對揚嘉策循言求理無或驕惰以騫斯旨援筆申懷敢告處士

詔問山中何所有賦詩以答

山中何所有嶺上多白雲只可自怡悦不堪持寄君

題所居壁

夷甫任散誕平叔坐談空不意昭陽殿忽作單于宮

寒夜愁

夜雲生夜鴻驚悽切嘹唳傷夜情空山霜滿高烟平鉛華沉照帳孤明寒月微寒風緊愁心絶愁淚盡人情不勝怨思來誰能忍

胡笳篇

負扆非天曆與奪徒紛紜百年四五代終是甲辰君

與梁武帝論書啓

奉旨左右中書復稍有能者惟周喜贊夫以合心之

兹實伺夾鍾吐氣今既自上體妙爲下理用成工每
惟申鍾王論於天下進藝方興所恨臣沉朽不能鑽
仰高深自懷歎慕前奉神筆三紙并今爲五非但字
字注目乃畫畫抽心日覺遒媚轉不可說以酬昔歲
不復相類正此即爲楷何復多尋鍾王臣心本自敬
重今者彌增愛服俯仰悅豫不能以不啓適伏蒙給
二卷伏覽標帖皆如聖旨既不顯垂允少留不能久
停已就摹者一段未畢不赴今信紙卷先已經有兼
多他雜無所復取亦請伺俱了日奉送兼此諸書是

篇章體臣今不辨復得脩習惟願細書如樂毅論太師箴例依倣以寫經傳永存寘顯中精要而已

梁武帝答書 附

近二卷欲少留差不爲異紙卷是出裝書既須見前所以付耳無正可取備於此及欲更須細書如論箴例逸少書無甚極細書樂毅論乃微麁健恐非真蹟太師箴小復方媚筆力過嫩書體乖異二者已經至鑒此外便無可付也

與梁武帝啓

樂毅論愚心近甚疑是摹而不敢輕言今旨以爲非
真竊自信頗涉有悟箴贊過爲淪弱許靜素段遂蒙
永給仰銘矜奬益無以喻如此書雖不在法例而致
用理均背間細皆無復兩玩先於都遇得飛白一卷
云是逸少好跡臣不嘗別見無以能辨惟覺勢力驚
絕謹以上呈於臣非用脫可充閣願仍以奉上臣昔
於馬澄處見逸少正書目錄一卷澄云右軍勸進洛
神賦諸書十餘首皆作金體惟急就章二篇古法緊
細近脫憶此語當時零落已不復存澄又云帖註出

裝者皆擬賫諸王及朝士臣近見三卷首帖亦謂已
久分本不敢識此正復希於三卷中一二條更得預
裝之例耳天旨遂復頓給先卷下情益用悚息近初
見卷題云二十三四已欣其多今者賜書第至二百
七十惋訝無已天府如海非一餅所汲良用息心前
後都已蒙見大小五卷於野拙之分寔以過幸若非
殊恩豈可觖望愚固本慱涉而不能精昔患無書可
看乃願作主書史晚愛隸法又羨典掌之人嘗言人
生數紀之内識解不能周流天壤惟充恣五欲實可

愧耻每以爲得作才鬼亦當勝於頑仙至今猶然使欲翻之自無射以後國政方殷山心歎默不敢復以虚閒塵觸謹於此題事遂成煩黷伏願聖慈照録誠憮

梁武帝答隱居論書　附

又省别疏云故當宜微以著賞此既勝事雖風訓非嫵非嫵然非所習聊試略言夫運筆邪則無芒角執手寬則書緩弱點畫短則法臃腫點擊長則法離澌畫促則字横畫疎則形慢拘則乏勢放又少則純骨

無媚純肉無力少墨浮澁多墨笨鈍比並皆然任意
所之自然之理也若抑揚得所趣舍無違值筆連斷
獨勢峰巒揚波折節中規合矩分間下注濃纖有方
肥瘦相和骨力相稱婉婉曖曖視之不足稜稜凜凜
常有生氣適眼合心便爲甲科衆家可識亦當復貫
串耳六義可工亦當復由習耳一聞能持一見能記
且古且今不無其人大抵爲論終歸是習程邈所以
能變書體爲之舊也張芝之所以能善書工學之積也
旣舊且積方可以肆其談吾少來乃至不能嘗畫甲

子無論於篇紙老而言之亦復何謂正足見嗤於當今貽笑於後代遂有獨冠之言覽之背熟隱真于是乎累真矣此直一藝之精非吾所謂勝事此道心之塵非吾所謂無欲也

又與梁武帝論書啓

第一卷中有雜跡謹疏注一別恐未允愚衷并竊所摹者亦以上呈近十餘日精慮悚悖無寧涉事遂至淹替不宜復待填畢餘條並非用唯叔夜威輦二篇是經書體式追以單郭爲恨伏按卷上第數甚爲不

少前旨惟有四卷此似是宋元嘉中撰集當由自後多致散失逸少有名之迹不過數首黃庭勸進像贊洛神此等不審猶得存者

第二十三卷今見有十二條在別紙按此卷是右軍書惟有八條前樂毅論書乃極勁利而非甚用意故頗有壞字太師箴大雅吟用意甚至而更成小拘束乃是書　頭屏風好體其餘五片無的可稱臣濤言一紙（此書乃不惡而非右軍又不識迹又似是摹）給事黃門二紙治廉瀝一紙（是子敬書亦似摹迹）後又治瀝狸骨方一紙（是子敬書亦是摹迹右四

條非右軍書

第二十四卷今見有二十一條在按此卷是右軍書者唯有十一條皆非甚合迹無多淨抹於摹起難復委曲前黄初三年一紙〔是後人學右軍〕繆襲告墓文一紙〔是許先生書〕抱懷幽痛一紙〔是張澄書〕五月十一日一紙〔是摹王珉書被油〕尚想黄綺一紙逐結滯一紙〔凡二篇並人所學甚拙惡〕不復展一紙〔是子敬書〕便復改月一紙〔是張翼書〕五月十五日繇白一紙〔亦是王珉書〕治欬方一紙〔是謝安書〕右十條非右軍書伏恐未垂許以區別今謹上〔許先生任靜書〕如別比方即

可知王珉張翼張澄謝安書公家應有

又梁武帝答隱居書 附

省區別諸書良有精賞異同所未可知悉可否耳給事黄門二紙爲任靜書觀所送靜書諸字相附近二紙靜書體解離便當非靜書復當以點畫波擎論極諸家之致此亦非可倉卒運於毫楮且保拙守中也許任二跡并摹者並付反

又與梁武帝論書啓

伏覽書前意雖止二六而規矩必周後書不出二百

亦褒貶大備一言以蔽便書情極頓使元常老骨更蒙榮造子敬懦肌不沉泉夜唯逸少得進退其間則玉科顯然可觀若非聖證品析恐愛附近習之風末遂淪迷矣伯英既稱學聖元常亦自隸絕論旨所謂殆同一機神寶曠世莫繼斯理既明諸畫虎之徒常自就輟筆反古歸真方弘盛世愚管見預聞喜佩無屆比世皆尚子敬書元常繼以齊代名實脫略海內非惟不復知有元常於逸少亦然非排棄所可黜湼而不淄不過數族今奉此論自舞自蹈未足逞泄願

以所摹竊示洪遠思曠此二人皆是均思者必當贊仰踴躍有盈半之益臣與洪遠雖不相識從子翊以學往來因之有會但既在閣恐或已應聞知摹者所裝字大小不堪均調郭看乃尚可恐筆意大殊此篇方傳千載故宜令跡隨奕所奉三伏循字跡大覺勁密竊恐既以言發意意則應言而心隨意運手與筆會故益得諧稱下情歡仰實奉愈至世論咸云江東無復鍾跡常以歎息皆竚望中原廓清太丘之碑可就摹採今論旨云真跡雖少可得而推是猶有存者

不審可復幾字既無出見理冐願得工人摹填數行脱蒙見賜寔爲過幸又逸少學鍾勢巧形密勝於自運不審此例復有幾紙來旨以黄庭像賛等諸文可更有出給理自運之迹今不復希請學鍾妙仰惟殊
恩

梁武帝答書　附

鍾王乃有一卷傳以爲真意謂悉是摹學多不足論有兩三行許似摹微得鍾體逸少李鍾的可知近有二十許首此外字細畫短多是鍾法今欲令人帖裝

未便得付來月有竟者當遣送也

論書啓

逸少自吳興以前諸書猶未稱凡厥好迹皆是向會稽時永和十許年中者從失郡告靈不仕以後略不復自書皆使此一人世中不能別見其緩異呼爲末年書逸少亡後子敬年十七八全放此人書故遂成與之相似今聖旨標顯足使衆識頓悟於逸少無末年之譏阮研近聞有一人學研書遂不復可別臣比郭摹所得雖麤寫字形而無復其用筆跡勢不審前

後諸卷一兩條謹密者可得在出裝之例復蒙垂給至年末間否此澤自天直以啓審非敢必覬

答朝士訪仙佛兩法體相書

祢梁諸朝士大夫問曰嘗竊觀仙書輒嗟欣忘倦徒羡其文莫測其理尋七尺之體既同稟太始俱服五常以何因緣獨超青雲而弊金石者乎先生領袖玄門學窮仙苑必有以竭其川岸請略聞雅説隱居答曰至哉嘉訊豈蒙生所辯雖然試言之若直推竹柏之匹桐椰者此本性有殊非今日所論若引庖刀湯

稼從養溉之功者此又止其所從終無求固之期夫得仙者並有異乎此但斯族復有數種今且談其正體凡質象所結不過形神形神合時則是人是物形神若離則是靈是鬼其非離非合佛法所攝亦離亦合仙道所依今問以何能而致此仙是鑄煉之事極感變之理通也當埏埴以爲器之時是土而異於土雖燥未燒遇濕猶壞燒而未熟不久尚毀火力既足表裏堅固河山可盡此形無滅假令爲仙者以藥石煉其形以精靈瑩其神以和氣濯其質以善德解其

纏衆法共通無礙無滯欲合則乘雲駕龍欲離則尸解化質不離不合則或存或亡於是各隨所業脩道進業漸階無窮教功令滿亦畢竟寂滅矣

難鎮軍沈約均聖論

山民陶隱居仰諮論云前佛後佛其道不異周室受命象寄狄鞮隨方受職西國密邇厥路非遠唐虞三代不容未有事獨西限道未東流非爲姬公所遺蓋由斯法宜隱燧人火粒變生爲熟蓋佛教之萌兆周孔二聖宗條稍廣見生不忍其死聞聲不食其肉草

木斬伐有時麛卵不得妄犯又戒有五校内者犯人人爲含靈之首一者害獸獸爲生品之物内聖外聖義均理一咨曰謹按佛經一經之興動踰累刼未審前佛後佛相去宜幾釋迦之現近在莊王唐虞夏殷何必已有周公不言恐由未出非關宜隱育王造塔始敬王之旣閻浮有四則東國不容都寡夫子以華禮與敎何宜乃說夷法故歎中國失禮求之四夷亦良有別意且四夷之樂出要荒之際投諸四裔亦密邇危羽之野禹跡所之不及河源越裳白雉尚稱重

譯則天竺罽賓久與上國殊絶衰周以後時或有聞故鄒子以爲赤縣於宇内止是九州中之一耳漢初長安乃有浮屠而經像眇昧張騫雖將命大夏甘英遠届安息猶不能宣譯風教闡揚斯法必其發夢帝庭乃稍就興顯此則似如時致通閡非關運有起復也若必以緣應有會則昔之淳厚群生何辜今之澆薄群生何幸假使斯法本以救濟者夫爲罪莫過於殺肉食之時殺孰甚焉而方俟火粒甫爲教萌於大慈神力不有所蹟乎若粳糧未播殺事難以息未審

前時過去諸佛復以何法爲教此教之萌起在何佛
無四戒犯人爲報乍輕一殺害獸受對更重亦爲未
達夫立天之道曰仁與義周孔所云聞聲不食斬伐
有時者蓋大明仁義之道於鳥獸草木尚曰其然況
在人乎而可悖虐非顧內惕寡言意在緣報覩迹或
似論情頗乖不審[redacted]於內外兩聖其是可得是均已
不此中參差難用頓悟謹備以諮洗願具啓諸蔽

登真隱訣序

昔在人間已鈔撰真經脩字兩卷于時亦粗謂委密

頃巖居務靜頗得恭潔試就遵用猶多闕畧今更反覆研精表裏洞洽預是真學之理使了然無滯一字一句皆有字旨或論有以入無或據顯而知隱或推機而得宗或引彼以明此自非閑練經書精涉道教者率然覽之猶觀海爾必須詳究委曲乃當曉其所以故道備七篇義同高品嘗聞古言非知之難其在行之意非學之難解學難也屢見有人得兩三卷書五六條事謂理盡紙便入山脩用動積歲月愈久昏迷是未造門墻何由眄其帷席試畧問麤處已自茫

然皆答言經說止如此但謹依存行耳乃頗復開動
端萌序導津流若直智尚許人脫能欣爾感悟詢訪
是非至於愚迷矜固者便經道君何以穿鑿異同評
論聖文或有自執己見或云承師舊法永無啓發對
揚之懷此例不少可爲痛心夫經之爲言徑也經者
常也通也謂常通而無滯亦猶布帛之有經矣必須
銓綜縷緒僅乃成功若機關踈越杼軸乖謬安能斐
然成文真人立象垂訓本不爲朦狡設言故每標通
衢而恒畧曲徑知可教之士自當觀其隅轍凡五經

子史爰及賦頌尚歷代注釋猶不能辨況玄妙之秘途絶領之許篇而可不探括沖隱窮思寂昧者乎既撰此真訣乃輟書而歎曰若使顧玄子在此乃當知我心理所得幾於天人之際往矣如何孰與言哉方將之於玄會耳

請雨詞

華陽隱居陶弘景道士周子良詞竊尋下民之命粒食爲本農工所資在於潤澤頃亢旱積旬苗稼焦涸遠近嗷嗷瞻天雀息百姓祈請求無感降伏聞雨水

之任有所司存願哀憫黔首霈垂霑渥呵風召雲膏
寸而合使洪潦溢川水陸咸濟則白鵠之詠復典於
今共仰至誠稽顙詞情謹詞天監十四年大歲乙未
六月二十日詞請句曲華陽洞天張理禁趙丞前

陶貞白卷第一終

陶貞白集　卷一

陶貞白集卷第二

梁　秣陵陶弘景著
明　吴郡黄省曾編
新安汪士賢校

藥總訣序

上古神農作爲本草凡著三百六十五種以配一歲歲有三百六十五日日生一草草治一病上應天文中應人道下法地理調和五味製成醪醴以備四烝爲弗服欲其本立道生者也當生之時人心素朴嗜

欲寡少設有微疾服之萬全自此之後世僞情澆智
慮日生馳求無厭憂患不息故邪氣數侵病轉深痼
雖服良藥不愈其後雷公桐君更增演本草二家藥
對廣其主治繁其類族既世改情移生病日深或未
有此病而遂設彼藥或一藥以治衆疾或百藥共愈
一病欲以排邪還正爲之原防故也而三家所列疾
病互有盈縮或物異而名同或物同而名異或冷熱
乖違甘苦背越採取殊法出處異所若此之流殆難
按據尋其大歸神農之時未有文字至於黃帝書記

乃興於是神農本草別爲四經三家之説遞有損益
豈非隨時適變殊途同歸者乎但本草之書歷代久
遠既靡師受又無注訓傳寫之人遺誤相繼字義殘
闕莫之是正方用有驗布舒合和

肘後百一方序

太歲庚辰隱居曰余宅身幽嶺迄將十載雖每植德
施工多止一時之設可以傳芳遠裔者莫過於撰述
見葛氏肘後救卒方殊足申一隅之思夫生民之所
爲大患莫急於疾疾而弗治猶救火而不以水也今

輦掖左右藥師易尋郊郭之外已自難值況窮村迥陌遥山絶浦其間枉夭安可勝言方術之書卷帙徒煩拯濟殊寡欲就披覽回惑多端抱朴此製寔爲深益然尚有闕漏未盡其善輒更採集補闕凡一百一首以朱書甄别爲肘後百一方於雜病單治畧爲周遍矣昔應璩爲百一詩以箴規心行今予撰此蓋欲衛輔我躬且佛經云人用四大成身一大輒有一百一病是故身宜自想上自通人下逮衆庶莫不各加繕寫而究括之余又别撰效驗方五卷具論諸病證

候因藥變通而並是大治非窮居所資若華軒邃室亦宜修省耳葛氏序云可以施於貧家野居然亦不止如是今縉紳君子若常處閑佚乃可披覽方書脫從祿外邑將命遐征或祗直禁闈晨宵閑隔或羈束戎陣城柵嚴阻忽驚急倉卒唯拱手相看曷若探之枕笥則可庸豎成醫故備論證候使曉然不滯一披條領無使過差也

本草序

隱居先生在于茅山巖嶺之上以吐納餘暇頗遊意

方技覽本草藥性以爲盡聖人之心故撰而論之舊說皆稱神農本經余以爲信然昔神農氏之王天下也畫八卦以通鬼神之情造耕種以省殺生之弊宣藥療疾以拯夭傷之命此三道者歷衆聖而滋彰文王孔子彖象繫辭幽贊人天后稷伊尹播厥百穀惠被群生岐黃彭扁振揚輔導恩流含氣並歲踰三千民到于今頼之但軒轅以前文字未傳如六爻指垂畫象稼穡即事成迹至於藥性所主當以識識相因不爾何由得聞至于桐雷乃著在於編簡此書應與

素問同類但後多更脩飾之爾秦皇所焚醫方卜術不預故猶得全録而遭漢獻遷徙晉懷奔迸文籍焚靡千不遺一今之所存有此四卷是其本經所出郡縣乃後漢時制疑仲景元化等所記又云有桐君採藥録説其花葉形色藥對四卷論其佐使相須魏晉以來吴普李當之等更復損益或五百九十五或四百四十一或三百一十九或三品混糅冷熱舛錯草石不分蟲獸無辨且所主治互有得失醫家不能備見則識智有淺深今輒苞綜諸經研括煩省以神農

本經三品合三百六十五爲主又進名醫副品亦三百六十五合七百三十種精麤皆取無復遺落分別例條區畛物類兼注名時用土地所出及仙經道術所須并此序錄合爲七卷雖未足追踵前良蓋亦一家撰製吾去世之後可貽諸知音爾

許長史舊館壇碑

悠哉曠矣宇宙之靈也固非言象所傳文迹可記然則後之人奚聞乎含吐萬有化育群生本其所由義歸冥昧至於形域區分性用殊品事限觀聽理窮數

識者倘或可論山之高海之廣夫何故以其有容焉
大天之内復有小天三十六所竝拓寓地空亘涂水
脉關闔風岫通氣雲巘此山本號句曲其下是第八
洞宮名曰金壇華陽之天周回一百五十里分置三
府前漢元帝世有咸陽三茅君得道來掌此任故稱
茅山具詳傳記至晉太和元年句容許長史在斯營
宅厥迹猶存宋初長沙景王就其地之東起道士精
舍梁天監十三年勑賀此精舍立爲朱陽館將遠符
先徵定祥火曆於館西更築隱居住止十四年別創

爵岡齋室追玄洲之蹤十七年乃繕勒碑壇仰述真
軌真人姓許諱穆世名謐字思玄本汝南平輿人後
漢靈帝中平二年六世祖光字少張避許相諛佞乃
來過江居丹陽句容都鄉之吉陽里後仕吳爲光祿
勳識宇亮拔奕葉才明祖尚字元甫有文章機見吳
中書郎父副字仲先器度淹通風格清簡晉剡令寧
朔將軍下邳太守西城侯長史副第五子也正生少
知名簡文在藩爲世表之交起家太學博士朝綱禮
肆儒論所宗出爲餘姚令懃恤民隱惠被鄰邑徵入

覲闈納言帝側昇平末除護軍長史本郡中正外督
戎章内詮茂序遐邦肅律鄉采砥行太和中遷給事
中散騎常侍蟬冕輝華事歸尚德簡文踐極方優國
老儻值晏駕於焉告退專靜山廬以脩上道君雖搢
紱朝班諷議庠塾而心標象外志結霞門弟兄遠遊
永和四年長遁不返君尚想幽奇歲月彌軫恒與揚
君深神明之契興寧中衆真降揚備令宣諭龍書雲
篆僉然徧該靈模奥旨于兹必究年涉懸車遵行愈
篤太元元年解駕遺世春秋七十有二子姪禮空虚

柩於縣西大墓京陵之蹤未遠飛劍之榔在焉謹按真誥君挺命所基緣業已久周武王世九宮上相長里薛公之弟也僉無許肇遺功復應垂祉後胤故乘運托生因資成道王札所授爲上清真人爵登候伯位編卿司理仙撫治佐聖牧民矣真傳未顯於世莫能具述長史第三子諱玉斧世名翽字道翔正生毋陶威女先亡已得在洞府易遷宮中君清頴瑩潔特絶世倫郡舉上計掾不赴粃糠塵務研精上業卽弘景玄中之真師也恒居此宅繕脩經法楊君數相從就

函通眞感太和五年於兹告逝時年三十眞誥云後十六年當度東華爲上相清童君之侍帝晨受書爲上清仙宮與谷希子並職帝晨之任比世侍中君長兄撥世名甽次兄虎牙世名聯並亦得道撥今有玄孫靈眞在山勑立嗣眞館以褒遠祖之德皇上秉弘誓本力來君此土壽育蒼祇範鑄群品導法開俗隨緣啓教以隱居積蘊三眞經誥久栖華陽宜還舊宅供養脩理乃勑工匠建兹堂請郎仰祇帝則兼闡大猷東位青壇西表素塔壇塔之間涌是基趾埋𨥫揜

乇投鍾便值紫煙白霧纒爲蔭蓋宅南一井卽長史所穿井南大塘乃郭朝遺製源出田○之泉路通姜巴之軌傍枕雷平前瞰下泊東際連崗北横長嶺栁汧陽谷俱會西垂四域之内皆謂之金陵地肺者也長史所居尤爲標勝方將駟雲虬而高騁駈奔鶴以追風望洪濤之浩汗聡故都以淩遠古人有言匪作奚傳敢刊石頌求屬來賢

渾樞鶩氣方祗吐靈依性分境傳識賦形化通八寓功浹四溟巡跡電滅測體淵停旋區岳立亘海雲舒

摶風沫水躔實憑虛亦有幽匠開石架廬情高身遠
天府地居縈巒巴曲畫壤胇浮五閣面啓九涂瓌周
長隰旁嶺交汧比流乃稱龍伏寔謂金丘昔在西漢
三茅來賓爰暨東晉二許懷真栽基浚井栖道接神
允膺輔聖錫兹侍宸參差年代絪緼名氏書誥具宣
精華未彌甎甃將淪沉階已毀拱樹霜摧脩庭草委
肇館華陽歲躔二紀永觀前猷聿遵洪軌帝曰懋哉
爾焉斯止經之營之輪乎奐矣勝殿容響瀉穊揚芬
瑶宮碧簡絢采垂文璃函玉檢綺幕綉巾蘭釭烈耀

金爐揚熏桐柏雙教方諸無學並證心清俱滿身濁
離有離無且華且朴結號虛皇筌法正覺藥徵質瑩
禪感慧通飛行欻恍捫景帶虹振苦排鄣還明返聰
物言是力我見無功紛紛千古汗漫兩儀三相幻惑
册塋自移緣來則應不慮不爲式題龜録人天鑒知

吳太極左仙公葛公之碑

道冠兩儀之先名絕萬世之始者固言語所不得辨
稱謂所莫能筌焉云何以文字述今云何以金石傳
古其遂休也則日月空照遂嘿也則生人長昏是故

出關導以兩卷將升摘其五文今懷靈抱識之士知
杳冥之有精焉自時厥後弈代間出雲篆龍章之牒
炳發於林岫環辭麗氣之旨藻蔚於庭筵其可以垂
軌範著謠誦者迄于兹辰昔在中葉甘左見駭於魏
王象奉擅奇於吴主至如葛仙公之才英俊邁蓋其
尤彰彰者矣公于時雖歷游名岳多居此嶺此嶺乃
非洞府而跨據中川東視則連峯入海南眺則重嶂
切雲西臨江滸北旁郊邑斯潛顯之奥區出處之關
津半尋石井日汲莫測其源三足白麂百齡不異其

質精靈之所弗渝神祇之所司衛麻衣史宗之儔相
繼棲託後有孫慰祖亦嗣居彌歲山陰潘洪字文盛
少秉道性志力剛明前住餘姚四明隩國爲立觀直
上百里榛途險絕既術識有用爲物情所懷天監七
年郡邑豪舊遂相率輿出制不由已以此山在五縣
衝要舍而留止于茲十有五載將欲移憇壇上先有
一空碑久已摧倒洪意以爲蔭其樹者尚愛其枝況
仙公真聖之遺蹤而可遂淪乎乃復建新碑於其所
願勒名迹以永傳隱居不遠千里寓斯石而鐫之仙

公姓葛諱玄字孝先丹陽句容都鄉吉陽里人也本屬瑯耶後漢驃騎僮侯盧讓國於弟來居此土七代祖艾卽驃騎之弟襲封僮侯祖矩安平太守黃門郎從祖彌豫章等五郡太守父焉字德儒州主簿山陰令散騎常侍大尚書代載英哲族冠吳史公幼負奇操超絶倫黨神挺標峻精輝卓逸墳典不學而知道術纔聞已了非復軌儀所範思識所該特以域之情理之外置之言象之表而已吳初左元放自洛而來授公白虎七變爐火九丹於是五通具足化遁無方

孫權雖愛賞仙異而内懷猜害翻琰之徒皆被挫斥
敬憚仙公動相諮稟公馳涉川岳龍虎衛從長山蓋
竹尤多去來天台蘭風是焉遊憇特還京邑視人如
戲詭譎倜儻縱倒山河雖投梟履墜叱羊石起茂以
加焉于時有人漂海隨風渺瀰無垠忽值神島見人
授書一函題曰寄葛公令歸吳達之由是舉代翕然
號爲仙公故抱朴著書亦云余從祖仙公乃抱朴三
代從祖也俗中經傳所談云已被太極銓授居左仙
公之位如真誥并葛氏舊譜則事有未符恐敘迹參

差適時立說猶如執戟侍陛豈謂三摘靈桃徒見接
神役鬼安知止在散職一以權道推之無所復論其
異同矣仙公赤烏七年太歲甲子八月十五日平旦
升仙長往不返恒與郭聲子等相隨久當授任玄都
祇秩天爵佐命四輔理祭人祇瞻望舊鄉能無縈縈
之嘆顧眄後學度垂汲引之慈敢藉邦族末班仰述
真仙遺則云爾九垓竇絕七度虛懸分空置境聚氣
搆天物滋數後化超象前命隨形轉神寄業傳霜野
於襄竹柏犂徹泉墟共往彭羨獨歸生因事攝年以

學仙如金在冶如布在機仙公珪警臨鄮發頡襄童比跡項孺聡影濯質綺闈凝心黛嶺虎變巴犢龍斬遂騁竭來台霍偃蹇蘭穹碧壇自肅玉水不窮巡芳沭道懷古測裹表玆峻碣永扇高風蘭風寓憩巳勒豐碑此土舊居未鐫貞琰今之遠裔仰慕清塵敬思刊樹傳芳來葉

解官表

臣聞堯風冲天頴陽振飲河之談漢德括地商陰峻餐芝之氣臣棲遲早日簪帶久年仕豈留榮學非待

祿恒思懸纓象闕孤耕壟下席月澗門橫琴雲際始奉中恩得遂丘壑今便滅影桂庭神交松友一出東關故鄉就望聰言興念臨波瀉淚臣舟棹已遄無緣躬詣不任攀戀之誠謹奉表以聞

梁武帝詔答 附

卿遺累卻粒尚想清虛山中閑靜得性所樂當畢吾遂嘉志也若有所須便可以聞仍賜帛十匹燭二十梃

進周氏冥通記啓

某啓去十月將末忽有周氏事既在齋禁無由即得

啓聞今謹撰事跡凡四卷如别上呈但其覆鄣疑網不早信悟追自悼咎分貽刻責淵文以具陳述伏願宥以闇惰謹啓

梁武帝詔答　附

省疏幷見周氏遺跡直言顯然符驗前誥二三明白蓋爲奇特四卷今留之見淵文幷具一二唯增讚歎

告逝篇

性靈昔旣肇緣業人相因即化非冥滅在理澹悲欣冠劍空衣影鑣轡乃仙身去此昭軒侶結彼瀛臺賓

倘或踵留轍爲子道玄津

雲上之仙風賦

縹緲遥裔亘碧海而颺朝霞凌青煙而溥天際出龍門而激水屢惹關以飛雪於是漢區動御月軌驚文浮虚入景登空汎雲一舉萬里曾不浹辰此列子有待之風也若乃綿括宇宙包絡天維周流八極廻還四時氣值節而動律位涉巽而離箕徒見去來之緒莫測終始之期此太虚無爲之風也

茅山長沙館碑

夫萬象森羅不離兩儀所育百法紛湊無越三教之境緇紱之士飾禮容於闤闠耿介之夫斅旌麾於門裔銘曰大哉乾元萬物資始皇王受命三才乃理惟聖感神惟神降祉德被歌鍾名昭圖史友于兄弟敬惟西宣言追茂寔用表遺先敢循舊制有革雜章刊石弗朽奕代流芳

太平山日門館碑

日門館者東霞啓暉開巖引燭以爲名也先是吳郡杜徵君聲高兩代德貫四區教義宣流播乎數郡拓

字太平之東結架菁山之北爰以此處幽奇別就基構栖集有道多歷世年

茅山曲林館銘

層嶺外峙邃宮内映亦究旁通縈泉遠鏡尚德依仁祈生翊命且天且地若允若聖連甍比棟各謂知道參差經術跌宕辭藻孰如曲林獨爲勁好掩迹韜功守玆偕老

答謝中書書

山川之美古來共談高峰入雲清流見底兩岸石壁五色交輝青林翠竹四時俱備曉霧將歇猿鳥亂鳴

夕日欲頹沉鱗竟躍實是欲界之仙都自康樂以來未復有能與其奇者

答虞中書書

栖六翮於荆枝望綺雲於青漢者有日于兹矣而春華來被草石開鮮辭動情端志交衿曲信知鄰德之談無虚往牘夫子雖迹纏朱闕而心期岱嶺豈但散髮乎高岫似將飛霜於絶谷良爲欽哉野人幸得託形崇阜息影長林每對月流歎臨風軫慨徒事累可豁而髮容難待自非齊生死於一致者能不心熱者

乎舉世悠悠孰云同此倘遇知己相與共憂朅來虞公茲焉可邁何爲棲棲空勞鼓缶迨及暇日有事還童不亦皎潔當年而無怩前脩也

答趙英才書

子槊書區中飛才甸外不肯掃門覔仕復懶彈鋏求通故偃蹇園巷從容郊邑昔所謂傲賔者此其是乎巖下鄙人守一介之志非敢蔑榮嗤俗自致雲霞蓋任性靈而直往保無用以得閑壠新井汲樂有餘歡切松煮术此外何務然亦以天地棟宇萬物同於一

化宛生善惡未之能聞

相經序

相者蓋性命之著乎形骨吉凶之表乎氣貌亦猶事先謀而後動心先動而後應表裏相感莫知所以然且富貴壽夭各值其數董賢甫在弱冠便位過三公貲半於國而裁出三十身摧家破馮唐袴穿郎署楊雄壁立高閣而並至白首或垂老玉食而官不過尉史或穎慧若神僅至齠齔或不辨菽麥更保黃耇此又明其偏有得也

陶貞白集卷第二終

梁解真中散大夫貞白先生陶隱居碑銘

邵陵王蕭綸譔

夫夜光結綠非胠篋之恒珎逸羽翔鱗豈園池之近玩寧期心於遠大蓋不知其所以然也足以穎陽高蹈洗耳於唐朝漢陰貞栖滅迹於周代盛德流風有自來矣應期而耀質者其在茲乎先生名弘景字通明本冀州平陽人其先出自帝堯陶唐氏之後堯治冀州平陽故因居此龍馬見五色之符欽明表八采之瑞光被於天下允釐於庶職洪源邈遠系緒綿長

漢興舍爲高祖右司馬子青翟位至丞相後漢末南渡始居丹陽七世祖濬仕吴爲鎮南將軍荆州刺史祖隆宋南中郎參軍事父貞寶司徒建安王國侍郎並立履清約博涉文史先生含元精之和氣當凌飈之雅姿兼宣七竅總脩九德行仁蹈義岳峙淵渟牆仞無以睹清濁不能測道風與星漢俱高勝氣與煙霞共遠六歲便解書能屬文七歲讀孝經論語毛詩數萬言晷倚紉習墳典公幹少誦詩賦方之於古彼有多慚是以岐嶷流聲中黄著頌有鄉人得葛洪神

仙傳見淮南八公諸仙事乃歎曰讀此書使人有凌雲之氣於是寤興諷誦晨昏不輟年二十七歲爲宜都王侍讀總知管記事牓道求賢禁林招士朝難其選咸曰得人阮禹之書記不足扶衡孫楚之辭才何以捧轂齊代好治宮室方脩苑囿青溪舊館更就起築仍奏表上頌辭事無美邁彼樂職之篇踰乎景福之製帝省覽久之益以爲善除奉朝請恪居官次夙夜惟寅春朝秋請是謂棫樸者也先生本不希榮常欲辭退乃與親友書曰疇昔之意不願處人間年登

四十畢志山藪今已三十六矣時不我借知幾其神乎毋爲自苦也明年遂拜表自解抽簪東都之外解組比山之阿同稷丘之栖隱慕留侯之却粒便其舟檝永言東邁朝廷錫問時賢餞别祖以二疏括茲四隱超然輕舉異代同符爾乃杖策遐征遊踐名岳既而到于句容登于茅嶺以此地神仙之宫府靈異之栖托往而不返遂卜居焉先生曰夫子云隱居以求其志行義以達其道吾聞其語未見其人今我義達無復其方請同求志之業故自稱隱居亦由稚川之

抱朴士安之玄晏倚巖栖影依林遁迹交柯結宇刻逕爲門縣厓對溜悲吟灌木深壑峭嶺組織煙霞枕石漱流山禽無橈採藥遇逢野獸不亂逍遥閒曠放浪丘陵嗒然若喪確乎難拔屬齊末道喪天命既否水鬭洛谷地震甲辰先生静思冥數預識其兆於是遠近書問一皆杜絶昔乃聞之夏甫今則見之先生我大梁休運應期受天明命三辰開朗四海寧謐先生奉表稱慶於是信問復通自天監以來常有勑旨供給藥餌不乏歲時渥澤深恩莫之與比先生七年

憇遊南岳茲山也關閬風之地軸若崑陵之天鎮八桂旁臨九純間設樹有琅玕草生車騎遺世獨往是用忘歸十一年有勑遣左右司徒惠明徵先生還茅山別給解宇軒君之降情天老漢帝之致禮河上況於茲日弗能尚也養志山阿多歷年所攝生既畬冥祥亦降猛獸不據魑魅莫逢庭無荆棘遠同闕里階吐神泉遥扶跳勤於是羽人徘徊仙客上下鸞鳳遊集芝英豐潤矣以大同二年歲在丙辰三月壬寅朔十二日癸丑告別僊化春秋八十有一天子嗟惜儲

皇軫悼有詔稱譽追贈中散大夫謚曰貞白先生禮也以其月十四日窆于丹陽郡句容縣之雷平山若軒轅之葬衣冠如子喬之藏劒曷比於兹日可得符焉先生器宇凝深思議精贍含章貞吉不脩廉隅年將中壽匪踰於矩眉目疎朗儀貌鮮潔寔忘勸沮多行德惠寶惜光景愛好墳籍篤志勵節白首彌至若乃淮南鴻寶之訣隴西地動之儀太乙遁甲之書九章曆象之術幼安銀鈎之敏允南風角之妙太倉素問之方中散琴操之法咸悉搜求靡不精詣爰及羿

射荀碁蘇卜管筮一見便曉皆不用心張華之博物馬均之巧思劉向之知微葛洪之養性兼此數賢一人而已門人桓法闓等慕遥風於緱氏結遺想於喬陽勒玄碑而相質騰絳霄而流芳乃作銘曰

留舄表化棄劒凝神徘徊紫氣照耀冊林厥跡猶在餘風可遵誰其嗣此淵哉淑人高行邁種盛德日新朗猶懸鏡譬以貞筠身以弘道行不遠仁昔遊纓紱頡頏縉紳厭乎匡救勞彼問津亦既解組乃襲山巾遠尋丘壑高蹈風塵情無緬世隱不隔真結宇崇巖

貞栖茂草氷玉留年精華郤老乃有今聞康莊壽考
白水過庭危峰臨洞露綴蘭階雲生桂棟日斜簷席
花落窓甕尚平未返王孫不旋海桑變易陵谷貿遷
豐碑有竪遺芳萬年

華陽隱居墓碑銘

昭明太子譔

維大同二年龍集景辰克明三月壬寅朔十二日癸
丑巳時華陽洞陶先生蟬蛻于茅山朱陽館先生諱
弘景字通明春秋八十有一屈伸如恒顏色不變有

制贈以中散大夫謚曰貞白先生遣舍人主書監護
喪事十四日巳時窆于雷平之山若夫真以歸空爲
美道以無形爲貴不知悅生大德所以爲生不知惡
死谷神所以不死妙矣哉隱顯變化物莫能測既而
岫開析石天墜玉棺銀書息簡流珠罷竈九節麗於
空中千和焚於地下仙官有得朋之喜受學振臨谷
之悲余昔在粉壤早逢圯上之術今遵元良屢稟浮
丘之教握留符而惻愴思化杖而酸辛乃爲銘曰
無名曰道不死爲仙亦有元則無稱稚川遁形解化

自昔同然猗歟夫子受籙歸玄梨傳苑吏書因賈船
虎車照景覡拂淩煙餘花灼爍春澗潺湲鬱鬱茅嶺
悠悠洞天三仙白鶴何時復旋

茅山貞白先生碑陰記

天台華峯白雲道士河内司馬道隱子微述

拜書

大哉道元萬靈資孕其自然也忽恍不測其生成也
氤氲可知若夫禀習經法精思感通調轉冊液形神
鍊化歸同一致舉異三清自古所得罕能盡善兼而

聚之鑒而辨之靜而居之勤而行之者寔爲貞白先生歟蓋特禀靈氣胎息見龍昇之夢阜秀神儀骨籙表鶴仙之狀心若明鏡洞鑒無遺器猶洪鍾虛受必應是以天經眞傳備集於昭臺奧義微言咸訣於靈府纂類篇簡悉成部帙廣金書之鳳篆盒琅函之龍章闡幽前秘擊蒙後學若諸眞之下教爲百代之名師焉睹先生寫貌之像則道存目擊覽先生著述之義則情見乎辭縱逾千載亦可得之一朝矣至於思神客感之妙鍊形化度之術非我不知理難詳據敬

以脩身德業受書道備按夫科格固超真階命分殊途顯然異軌應從解景不事登晨冥昇上清茀可得而測已然隱凡云化虛室仍存代劒未飛陰丘尚閟道尊德貴終古不渝披文相質乃今無睹朝代累華山世轉睽永懷仙烈久增誠慨子徵將歸衡岳蹔憩茅山與諸法義聚謀刻石邵陵撰製美具當年今以書勒言念往行因運拙筆聊述真猷紀于碑陰式昭年世

時

大唐開元十二年甲子九月十三日己巳書

隱居先生陶弘景碑

梁元帝譔

昔太和中有許遠遊者乃雲霄之勝賓大虛之選客先生規同矩合實踵高步曩基先構即駕胥宇于尋危聳憑牖以望奔星百拱高懸倚欞而觀朝日飛流界道似天漢之橫波觸石起雲若弃[redacted]之出岫銘曰

肇彼冥默翻成恊贊身託外臣心同有亂重道術[illegible]

爰積巖裒顧傀汾射璽閆遥通朱陽鬱起華構方崇靜臺冠月輕榭迎風嶕嶢高棟欝靄脩櫳極望山川周觀京陸碧嶂千嶺清流萬谷景落重崖煙生岫復

沈約與陶弘景書　附

先生糠粃俗流超然獨遠烈電羽帶總轡雲霞方當名書絳簡身遊玄闕憑星夕卧望日朝飡而至理深微睠焉難睹惟欲下風問道未知厥路若夫棲遲閑遠咀嚼瓊芝出入清都師友靈聖循崖反跡無鈇惟心

沈約酬華陽先生

三清未可覿一氣且空存所願迴光景拯難拔危魂若蒙九丹贈豈懼六龍奔

又

早欲尋名山須待婚嫁畢二事雖云已此外復非一忽聞龍圖至仍覩龍光溢副朝首八元開壤賦千室冠纓曾弗露風雨未嘗櫛鳴玉響洞門金蟬映朝日慙無小人報徒叨令尹秩豈忘平生懷靡盬不遑恤

又

側聞上士說天木乃騰霄雲駢不展地僊居多麗譙
卧待三芝秀坐對百神朝啣書必青鳥嘉客信龍鑣
非止靈桃實方見大椿凋

又

餐玉駐年齡吞霞反容質眇識青丘樹廻見扶桑日
爛熳蜃雲舒嶔崟山海出

後湖蘇庠贊陶先生像

蘂珠妙言字照編簡雲霾三館其人則遠世衰道喪
完節者鮮臨終之歎作世和篇